www.ingramcontent.com/pod-product-compliance
Lightning Source LLC
LaVergne TN
LVHW010403070526
838199LV00065B/5881
* 9 7 8 9 3 6 9 0 8 6 7 1 9 *

اردو کی بات

(تعمیر نیوز ویب پورٹل کے منتخب موضوعاتی مضامین)

مرتبہ:

مکرم نیاز

© Taemeer Publications LLC

Urdu ki baat (Essays)
by: Mukarram Niyaz
Edition: November '2024
Publisher :
Taemeer Publications LLC (Michigan, USA / Hyderabad, India)

ISBN 978-93-6908-671-9
9 789369 086719

مرتب یا ناشر کی پیشگی اجازت کے بغیر اس کتاب کا کوئی بھی حصہ کسی بھی شکل میں بشمول ویب سائٹ پر اَپ لوڈنگ کے لیے استعمال نہ کیا جائے۔ نیز اس کتاب پر کسی بھی قسم کے تنازع کو نمٹانے کا اختیار صرف حیدر آباد (تلنگانہ) کی عدلیہ کو ہو گا۔

© تعمیر پبلی کیشنز

کتاب	:	**اردو کی بات** (مضامین)
مرتب	:	**مکرم نیاز**
صنف	:	تحقیق و تنقید
ناشر	:	تعمیر پبلی کیشنز (حیدر آباد، انڈیا)
سالِ اشاعت	:	۲۰۲۴ء
صفحات	:	۱۰۴
سرورق ڈیزائن	:	تعمیر ویب ڈیزائن

فہرست

(۱) اردو کے رسائل اور مسائل	جون ایلیا	6
(۲) اردو اور ناگری رسم خط	جواہر لال نہرو	11
(۳) زبانوں کی تہذیب اور اردو	ڈاکٹر ناظم علی	21
(۴) وضعِ اصطلاحات: اصطلاح کی ضرورت کیوں ہے؟	وحید الدین سلیم	26
(۵) اردو ادارے اور فروغِ اردو کا منصوبہ	اے۔ رحمٰن	31
(۶) اردو زبان اور رسم الخط کا تحفظ - ہماری ذمہ داریاں	تبسم سلطانہ	35
(۷) اُردو جرنلزم اور روزگار کے مواقع	مصطفیٰ سروری	43
(۸) کالجوں میں اردو نصاب - مسائل اور تجاویز	ڈاکٹر شیخ سلیم	49
(۹) رگ ویدی تہذیبی تناظر میں اردو کی اصطلاحی معنویت	ڈاکٹر اجے مالویہ	55
(۱۰) اردو زبان کے چند اہم قواعد و تعریفات	-	62
(۱۱) اردو، کمپیوٹر اور انٹرنیٹ	اعجاز عبید	76
(۱۲) اردو ہے جس کا نام---	شاہد الاسلام	84
(۱۳) اردو او۔ سی۔ آر - بصری حرف شناس	مکرم نیاز	92

اردو کے رسائل اور مسائل

جون ایلیا

افلاطون نے اپنی مشہور زمانہ تصنیف "جمہوریہ" میں ایک نظام تعلیم و تربیت مرتب کیا تھا جس کی رو سے تین سال سے لے کر چھ سال تک کی عمر کے بچوں کو قصوں اور حکایتوں کے ذریعہ تعلیم دی جانا چاہئے۔ اردو کے مدیران رسائل قابل داد ہیں جنہوں نے یہ نصاب اپنے قارئین کے لیے تجویز کیا ہے چنانچہ صورت حال یہ ہے کہ ہمارا ادب، ہمارا ادبی شعور ہماری ادبی صحافت سب نابالغ ہیں۔

جدھر دیکھئے دیوان داغ اور فسانہ عجائب کی نسل پروان چڑھتی نظر آرہی ہے۔ میر تقی بیچارے ایسے کون سے بڑے شاعر تھے لیکن آج ان کے اعزاز میں ہر رسالہ غزلوں پر غزلیں چھاپ کر گویا غزل کا عرس برپا کر رہا ہے۔ ادبی جرائد کا پورا ادب غزل اور تنقید غزل میں محدود ہو کر رہ گیا ہے۔ کسی بھی سنجیدہ، بالغ النظر اور اور ارتقاء پذیر سماج کے لیے یہ بات باعث تشویش ہے۔

آخر ہم کس عہد میں زندگی بسر کر رہے ہیں؟

اس عہد میں زندگی بسر کرنا چاہتے ہیں یا نہیں؟ کیا کوئی قوم صرف افسانوں غزلوں اور نام نہاد تنقیدی مقالوں کے سہارے زندہ رہ سکتی ہے؟ کیا بیسویں صدی میں کوئی معاشرہ اپنی ادبی صحافت کی اس سطح پر قانع ہو سکتا ہے؟

یہی نہیں کہ ہماری ادبی صحافت ادبی اور علمی اعتبار سے قطعاً بے مایہ اور مفلس ہے بلکہ علم دشمن بھی ہے۔ اگر کوئی رسالہ نفسیاتی، تاریخی، فلسفی اور سائنسی مباحث و مسائل اور ادب عالی کے موضوعات پر مضامین شائع کر دے تو اسے ادبی رسالہ تسلیم نہیں کیا جائے گا۔ ادبی رسالہ کی علامت صرف یہ ہے کہ اس کا نصف حصہ غزلوں سے مخصوص ہو باقی نصف میں کچھ نظمیں ہوں کچھ افسانے ہوں اور پانچ چھ صفحے کا ایک ادبی مضمون جسے بڑے ہی اعتماد کے ساتھ "مقالہ" سے تعبیر کیا جاتا ہے۔ لیجئے اردو کا "ادبی، علمی اور تہذیبی مجلہ" مرتب ہو گیا۔ مدیر کا یہ فرض ہرگز نہیں کہ وہ اپنی طرف سے اداریہ بھی لکھے۔

اسی لیے اب "مدیر" کے بجائے احتیاطاً "مرتب" کی اصطلاح اپنالی گئی ہے۔ مرتب کی ایک خصوصیت یہ بھی ہے کہ وہ اردو کے عظیم فنکاروں کی طرف سے تو ادبی مناظرے بھی کر لیتا ہو لیکن خود اردو سے اسے کوئی دلچسپی نہو، مرعوب اسی وقت ہوتا ہے جب مغربی نقادوں کے چند نام گنوائے جائیں۔

بہرحال یہ ہے ہمارے اکثر رسائل اور ان کے ایڈیٹروں کا حال۔ یہ لوگ سائنسی حقائق اور سماجی مسائل کی اس سیل گاہ میں بالکل از کار رفتہ ہو چکے ہیں۔ نہ انہیں معاملات کا شعور ہے اور نہ اپنے فرائض کا احساس، ان کے ذہن میں یہ سوال پیدا ہی نہیں ہوتا کہ جن قدروں پر ان کا ادب آج تک زندگی بسر کرتا چلا آیا ہے اب ان کا حشر کیا ہوگا — چلئے یہ تو دور کی بات ہے آخر وہ یہ کیوں نہیں غور کرتے کہ اردو رسائل کس لیے نامقبول ہیں؟

یہ صحیح ہے کہ قوم کی معاشی تقدیر انگریزی سے وابستہ ہے اور اسی صورت حال کا اثر اردو زبان سے تعلق رکھنے والے ہر شعبہ اور ہر شخص پر پڑتا ہے لیکن یہ تصویر کا صرف

ایک رخ ہے اگرچہ بے حد اہم، بے حد اہم رخ سہی لیکن دوسرا رخ یہ ہے کہ اسی غریب زبان اردو کے روزناموں نے انہی ناسازگار حالات میں انگریزی روزناموں کو بری طرح شکست دے دی ہے اور انقلاب کے بعد تو اردو روزناموں کی رفتار ترقی اور بھی تیز ہوتی جا رہی ہے۔ اب یقین سے کہا جا سکتا ہے کہ دو تین سال کے اندر ہمارے بعض روزنامے ایک لاکھ کی اشاعت تک پہونچ جائیں گے۔

ماہناموں کو غور کرنا چاہئے کہ آخر یہ کیا بات ہے؟ بات یہ ہے کہ اردو کی ماہنامہ صحافت نے ابھی تک نئے عہد کو نہیں سمجھا ہے۔ وہ اب تک بھی یہی سمجھ رہے ہیں کہ انگریزی کے دو تین نقادوں اور فرانس کے نفسیاتی مریضوں کے نام رسالوں کے فروخت کرا دیں گے۔ وہ زمانہ گزر گیا جب چند یونانی مفکروں اور مغربی ادیبوں اور ناقدوں کے نام لے کر مرعوب کر لیا جاتا تھا، یہ زمانہ فکر و نظر کی رصانت و ریاضت کا زمانہ ہے۔ آج کے قاری کو مسائل سے ناواقف و بے گانہ خیال کرنا حماقت ہے۔

قارئین دو قسم کے ہیں۔

(۱) وہ لوگ جو صرف جنسی جاسوسی اور فلمی تحریروں سے بہل سکتے ہیں۔

(۲) وہ لوگ جو مذہبی، تاریخی، سیاسی، سماجی، نفسیاتی، معلوماتی، ادبی اور علمی مضامین پڑھنا پسند کرتے ہیں ان لوگوں میں مختلف سطح کے افراد شامل ہیں۔ ادبی اور علمی رسائل کا تعلق انہی لوگوں سے ہے۔ عموماً یہ خیال کیا جاتا ہے کہ پہلی قسم کے قارئین کی تعداد زیادہ ہے، لیکن یہ غلط ہے۔ اگر یہ صحیح ہو تا تو اردو کے فلمی رسالے لاکھوں کی تعداد میں شائع ہوا کرتے، دراں حالیکہ ان کا حال بہت ابتر ہے۔ بات یہ ہے کہ عمر کے ایک خاص حصے ہی میں جنسی اور فلمی موضوعات سے دلچسپی لی جا سکتی ہے۔ پاکستان میں اس قبیل کے مواد کی مقبولیت کا ایک سبب یہ بھی ہوا کہ یہاں ابھی ایک ڈیڑھ سال پہلے تک

پوری قوم سیاسی بے یقینی، نفسیاتی پیچیدگی، سماجی بے ضمیری، ذہنی انتشار اور اخلاقی بدحالی میں مبتلا تھی۔ اس کا ردعمل یہی ہو سکتا تھا کہ سنجیدہ مسائل کی طرف سے توجہ ہٹ جائے۔

انقلاب کے بعد اس صورت حال میں نمایاں فرق ہوا ہے۔ عمل جرائم پیشگی کے ساتھ قوم کی ذہنی جرائم پیشگی بھی آہستہ آہستہ ختم ہو رہی ہے۔ اب اخباروں میں بھی علم و ادب سے متعلق پہلے سے کہیں زیادہ خبریں شائع ہوتی ہیں۔

ادبی رسائل کو چاہئے کہ وہ اس ماحول سے پوری طرح توانائی حاصل کریں۔ محنت سے کام لیں اور ادبی و علمی افادیت کو ملحوظ رکھیں اور اس خیال کو ترک کر دیں کہ ادبی رسائل کو پڑھا نہیں جاتا۔ پڑھا جاتا ہے۔ اگر سلیقے سے پڑھایا جائے ہم جن مضامین کو ادبی سمجھ کر چھاپتے رہے ہیں انہیں بمشکل ہی ادبی کہا جا سکتا ہے، مثلاً:

"مومن کا عشق" یا "غالب کا سماجی شعور"۔

چلئے آپ انہیں ادبی کہہ لیجئے لیکن آخر کب تک؟ اب آپ غالب کے سماجی شعور کا عرفان عطا کر کے کوئی ادبی خدمت انجام نہیں دے سکتے۔ اس کے لیے خود سماجی شعور پیدا کرنا ہوگا اور ادبی ملائیت اور دقیانوسیت کو ترک کر کے ماہناموں کو سائنسی حقیقت پسندی، وسیع النظری، مسائل شناسی، معاشرہ آفرینی اور اجتہادی و اختراعی اولوالعزمی کا نمائندہ بنانا ہوگا۔ بصورت دیگر اردو کی ادبی صحافت کے لیے اب کوئی گنجائش باقی نہیں۔

امید ہے کہ مدیران رسائل ہماری ان معروضات پر سنجیدگی سے غور کریں گے، ممکن ہے کہ ہم نے صورت حال کا غلط اندازہ لگایا ہو تو انھیں چاہئے کہ وہ صحیح تر اندازہ قائم کریں اور اردو کی ماہنامہ صحافت کو آگے بڑھائیں۔ ہمارے ذہن میں صحافت کا عالمی معیار ہونا چاہئے، یہ عہد بدنصیبی یا خوش نصیبی سے فصیلوں اور حصاروں کا عہد نہیں، اب تو

پوری دنیا ایک صحن میں بیٹھی ہوئی ہے۔ آج تمہیں جو چیز بھی پیش کرنا ہے، عالمی معیار کو ملحوظ رکھ کر پیش کرنا ہے۔ اور اب تو ہمیں اور بھی سنجیدگی سے غور کرنا چاہئے۔ اس لیے کہ اب تو اردو سے یہ توقع قائم کی جا رہی ہے کہ وہ ایشیا کی مشترک زبان کا درجہ حاصل کر لے گی اور یہ توقع بالکل حق بجانب ہے۔

The Issues of Urdu magazines, a thought provoking column by Jaun Elia.

* * *

اردو اور ناگری رسم خط

پنڈت جواہر لال نہرو

تاریخ ساز جریدہ 'نقوش' کے "ادبی معرکے" نمبر کا حصہ اول ستمبر ۱۹۸۱ میں شائع ہوا تھا جو کہ 'نقوش' کا ۱۲۷واں شمارہ تھا۔ اس خصوصی نمبر کا اولین باب بعنوان "زبان کے نام پر معرکے" اپنے اندر اردو زبان کی ایک وسیع و عظیم تاریخ رکھتا ہے۔ اسی باب کے ایک ذیلی عنوان "اردو اور ناگری رسمِ خط" کے تحت پنڈت جواہر لال نہرو کا تحریر کردہ مضمون پیش خدمت ہے۔

رسم الخط کے مسئلے پر پنڈت جواہر لال نہرو کے خیالات ہم رسالہ اردو ۱۹۳۶ء بابت ماہ جولائی سے ذیل میں پیش کرتے ہیں۔ اس سے ہندوستان کے ایک بہت بڑے مفکر اور سیاست دان کا ایک واضح موقف بھی ہمارے سامنے آتا ہے۔

(یہ مضمون پنڈت جی کی خودنوشت سوانح عمری کے ایک باب سے ماخوذ ہے)

ہم نے شادی (۱) کا جو چھوٹا سا دعوت نامہ تقسیم کیا وہ ہندوستانی میں لکھا اور رومن حروف میں چھپا تھا۔ یہ ایک جدت تھی کیونکہ ایسے رقعے یا تو ناگری میں چھاپے جاتے ہیں یا فارسی رسم الخط میں۔ رومن میں ہندوستانی لکھنے کا چلن پادریوں اور فوجیوں کے علاوہ اور کہیں نہیں۔ میں نے رومن رسم الخط کا استعمال تجربے کے طور پر کیا تھا۔ تاکہ مختلف لوگوں پر اس کے اثر کا مطالعہ کروں۔ کچھ نے اس جدت کو سراہا، مگر بہتوں کو میرا یہ فعل نہ بھایا، رقعے تھوڑے سے لوگوں میں تقسیم ہوئے تھے، اگر زیادہ لوگوں کو بھیجے جاتے تو مخالفتوں کی تعداد اور زیادہ نکلتی۔ گاندھی جی نے اسے پسند نہیں کیا۔

میں نے رومن خط کا استعمال اس وجہ سے نہیں کیا تھا کہ میں اس کا معتقد ہو گیا تھا۔ گو یہ صحیح ہے کہ ایک عرصے سے میرا میلان اس طرف تھا، ترکی اور وسط ایشیا میں اس کی کامیابی نے مجھے متاثر کیا تھا۔ اور اس کے موافق جو بین دلائل تھے وہ بڑے وزنی تھے۔ یہ ہوتے ہوتے بھی اس کا پورا پورا قائل نہ ہوا تھا اور اگر ہو بھی جاتا تو بھی مجھے خوب معلوم تھا کہ موجودہ ہندوستان میں اس کے رواج کے متعلق کوئی امید نہیں ہے۔ قوم پرور اور مذہبی لوگ، ہندو اور مسلمان، جوان اور بوڑھے غرض کہ ہر جماعت شدت سے اس کی مخالفت کرے گی اور مجھے اس کا بھی احساس ہے کہ مخالفت کی بنیاد محض جذباتی نہ ہو گی۔ ایک شاندار ماضی کی وارث زبان کے لئے رسم خط کی تبدیلی بہت زیادہ اہم ہے۔ کیونکہ رسم خط اور زبان میں چولی دامن کا رشتہ ہے۔ رسم خط بدل کر دیکھو کہ لفظوں کی شکل ہی بدل گئی ہے۔ ان کی آواز بھی بدل گئی ہے اور ساتھ ساتھ خیالات بھی بدل گئے ہیں۔ اس کے بعد قدیم و جدید ادب میں ایک ناقابل عبور حد فاصل آ جاتی ہے۔ اور پرانی زبان ہمارے لئے اجنبی اور مردہ ہو جاتی ہے۔ جس زبان کا کوئی ادبی سرمایہ نہ ہو وہ ان جوکھوں سے کھیل سکتی ہے۔ ہندوستان میں تو میں اس قسم کے تغیر کا گمان بھی نہیں کر سکتا۔ کیونکہ ہمارا ادب نہ صرف قیمتی اور وسیع ہے، بلکہ وہ ہماری تاریخ اور دماغ میں رچ بس گیا ہے اور عوام کی زندگی میں گھل مل گیا ہے۔ اس قسم کا تغیر ایک ظالمانہ قطع و برید ہو گی جو عام تعلیم کے چلن میں سد سکندری بن جائے گی۔

مگر آج کل کے ہندوستان میں تو اس بحث کی نوعیت علمی بھی نہیں ہو سکتی۔ اصلاحِ رسم خط کی دوسری صورت میری رائے میں یہ ہو سکتی ہے کہ سنسکرت نژاد زبانوں یعنی ہندی، بنگالی، گجراتی اور مرہٹی کے لئے ایک عام رسم الخط قبول کر لیا جائے حقیقت یہ ہے کہ ان سب کے رسم خط ایک ہی سوت سے نکلے ہیں اور ان میں زیادہ فرق بھی نہیں ہے۔

لہٰذا ان میں آسانی سے سمجھوتا ہو سکتا ہے اگر ایسا ہو گیا تو چاروں بہنیں ایک دوسرے سے بہت قریب ہو جائیں گی۔

ہمارے انگریز حکمراں نے ہندوستان کے متعلق ایک یہ افسانہ بھی دنیا میں پھیلا رکھا ہے کہ ہمارے ملک میں سیکڑوں زبانیں (مجھے صحیح تعداد یاد نہیں) رائج ہیں۔ ثبوت کے لیے مردم شماری کی رپورٹ دیکھ لیجئے۔ یہ عجیب بات ہے کہ بہت کم انگریز ہیں جو ان سینکڑوں زبانوں میں سے ایک آدھ میں بھی کچھ شد بد جانتے ہوں۔ حالانکہ وہ زندگی کا بہت بڑا حصہ یہیں گزارتے ہیں۔ ہماری زبانوں کے لئے انہوں نے 'ورنیکلر' کا نام تجویز کیا ہے۔ یہ لاطینی کا مرکب لفظ ہے، ورنا کے معنی غلام ہیں اور ورناکلر کے معنی غلاموں کی زبان۔ بہت سے ہندوستانیوں نے لاعلمی میں نام کو اپنالیا ہے، حیرت ہوتی ہے کہ ہندوستان میں زندگی گزار دینے کے باوجود انگریز یہاں کی زبان سیکھنے کی کوشش نہیں کرتے۔ اپنے خانساماؤں اور آیاؤں کی بدولت انہوں نے ایک عجیب و غریب بولی بنائی ہے۔ اس بگڑی ہوئی ہندوستانی کو وہ اصل زبان سمجھ بیٹھے ہیں۔ جس طرح وہ اپنے ماتحتوں اور خوشامدیوں سے ہندوستانی زندگی کے حقائق معلوم کرتے ہیں، اسی طرح 'ہندوستانی' زبان کا علم وہ اپنے نوکروں سے حاصل کرتے ہیں اور یہ نوکر جان بوجھ کر زبان کو توڑ مروڑ کر استعمال کرتے ہیں کہ صاحب لوگ کہیں کچھ نہ کچھ نہ سمجھ بیٹھیں۔ غالباً انہیں مطلق علم نہیں ہوتا کہ ہندوستانی اور دوسری دیسی زبانوں کا ادبی معیار بلند اور ادبی ذخیرہ وسیع ہے۔

اگر مردم شماری کے اعداد ہمیں یہ بتاتے ہیں کہ ہندوستان میں دو تین سو زبانیں ہیں اور وہی اعداد یہ بھی کہتے ہیں کہ جرمنی میں پچاس ساٹھ زبانیں رائج ہیں۔ مجھے یاد نہیں پڑتا کہ کسی نے اس واقعے کو اہل جرمن کے باہمی نفاق و اختلاف کے ثبوت میں پیش کیا ہو۔ سچ پوچھو تو مردم شماری کی رپورٹ میں ہر قسم کی اہم اور غیر اہم زبانوں کا ذکر ہوتا

ہے۔ ایسی زبان کا شمار بھی ہوتا ہے جس کے بولنے والے صرف چند ہزار ہیں۔ لسانیاتی وجوہ سے مقامی بولیوں کا شمار زبانوں میں کر دیا جاتا ہے لیکن رقبے کو دیکھتے ہوئے میرے خیال میں ہندوستان میں زبانوں کی تعداد بہت کم ہے۔ یورپ کے اتنے ہی بڑے رقبے سے مقابلہ کر کے دیکھو تو معلوم ہو گا کہ زبان کے معاملے میں ہندوستان میں کہیں زیادہ یگانگت ہے مگر عام جہالت کی وجہ سے مقامی بولیوں کو فروغ مل گیا ہے اور ان کے اتحاد کی صورت پیدا نہیں ہوئی ہے۔

برما کو چھوڑ کر ہندوستان کی خاص زبانیں حسب ذیل ہیں:

"ہندوستانی" جس کی دو شاخیں ہیں (ہندی اور اردو)، بنگالی، گجراتی، مرہٹی، تامل، تیلگو، ملیالم اور کنڑی۔

اگر اس فہرست میں آسامی، اڑیا اور جنگلی قبیلوں کے علاوہ پورے ملک کی تقسیم ہو جاتی ہے، ان میں بھی انڈو آرین زبانیں باہم بہت قریبی رشتہ رکھتی ہیں اور ہندوستان کے شمال، مشرق، وسط، اور مغرب میں پھیلی ہوئی ہیں۔ دکن کی دراوڑی زبانیں مختلف ہیں، تاہم ان پر سنسکرت کا بڑا اثر ہے اور سنسکرت کے بہتیرے الفاظ ان میں مل گئے ہیں۔

حسب بیان بالا آٹھ بڑی بڑی زبانوں کے ادب بیش بہا اور قدیم ہیں۔ ان میں سے ہر ایک بہت بڑے علاقے میں پھیلی ہوئی ہے جس کے حدود متعین و مخصوص ہیں، بولنے والوں کی تعداد کے نقطہ نظر سے ان زبانوں کی گنتی دنیا کی بڑی زبانوں میں ہو سکتی ہے۔ پانچ کروڑ آدمی بنگالی بولتے ہیں اور ہندوستان کی مختلف اقسام کے بولنے والوں کی تعداد (میرے پاس صحیح نہیں ہے) میرے خیال میں ۱۴ کروڑ سے کم نہیں۔ علاوہ بریں پورے ملک میں اس کے سمجھنے والے ان گنت ہیں، ظاہر ہے کہ ایسی زبان کے فروغ کے وسیع امکانات ہیں۔

سنسکرت پر اس کی بنیاد ہے۔ فارسی سے اس کا قریبی رشتہ ہے یعنی وہ دو مخزنوں سے مدد حاصل کر سکتی ہے اور اب تو اس نے انگریزی زبان سے بھی ناتا جوڑنا شروع کر دیا ہے۔

دکن کے دراڈری صوبے ہی ایسے ہیں جہاں اس زبان کی حیثیت غیر ملکی ہے۔ مگر وہاں کے باشندے بھی اسے سیکھنے کی دل و جان سے سعی کر رہے ہیں۔ ۳۲ء میں میں نے ایک سبھا کی رپورٹ دیکھی تھی جو دکن میں ہندی پرچار کا کام کر رہی ہے، اس کے قیام کے چودہ سال بعد تک صرف صوبہ مدراس میں اس نے ساڑھے پانچ لاکھ آدمیوں کو ہندی سکھا دی تھی۔ ایک غیر سرکاری ادارے کی یہ سعی بلیغ قابل ذکر ہے۔ جو لوگ ہندی سیکھتے ہیں ان میں سے اکثر اس مقصد کے مبلغ بن جاتے ہیں۔

مجھے اس کا یقین ہے کہ "ہندوستانی" اس ملک کی عام زبان ہو کر رہے گی۔ سچ تو یہ ہے کہ معمول کا کام کاج میں آج بھی اس کی حیثیت یہی ہے۔ اس کی ترقی میں دو احمقانہ مباحث حائل ہو گئے ہیں۔

ایک تو ناگری اور فارسی رسم خط کا سوال

اور دوسرے فارسی یا سنسکرت الفاظ کی بھرمار کی غلط تحریک۔

رسم خط کی مشکل کا کوئی حل سمجھ میں نہیں آتا۔ کیونکہ اس کا نام آتے ہی آتش غضب بھڑک اٹھتی ہے۔ یہی ہو سکتا ہے کہ سرکاری طور پر دونوں کو تسلیم کر لیا جائے اور لوگوں کو دونوں کے استعمال کی اجازت دی جائے لیکن انتہا پسند رجحانوں کو روکنے اور بول چال کی زبان کی نہج پر کوئی درمیانی ادبی زبان بنانے کی جدوجہد جاری رکھنا ضروری ہے۔ عام تعلیم کے بعد یہی ہو کر رہے گا اس وقت کو متوسط طبقے کے وہ تھوڑے سے لوگ جو ادبی ذوق و اسلوب کے سرپنچ بنے ہوئے ہیں، بہت ہی تنگ خیال اور اپنے اپنے دائرے

میں سخت رجعت پرور ہیں، فرسودہ اور بے جان طرزوں سے وہ جونک کی طرح چمٹے ہوئے ہیں اور ادب عالم یا اپنے ہاں کے عوام سے ان کا تعلق برائے نام ہے۔

"ہندوستانی" کی اٹھان اور پھیلاؤ کے معنی یہ نہیں کہ وہ بنگالی، گجراتی، مرہٹی اور دکن کی دراوڑی زبانوں کے رواج اور فروغ میں سد راہ بنے۔ ان میں سے بعض تو ہندوستانی سے زیادہ بیز ار اور علمی اعتبار سے زیادہ باخبر ہیں۔ اپنے اپنے علاقوں میں وہ تعلیم اور دوسرے کاموں کے لئے سرکاری زبانیں تسلیم کی جائیں گی۔ صرف ان ہی کی وساطت سے عوام میں تہذیب اور تعلیم کی روشنی جلد پھیل سکتی ہے۔ کچھ لوگ تصور کرتے ہیں کہ انگریزی بھی ہندوستان کی قومی زبان ہو سکتی ہے۔ طبقہ اعلیٰ کے مٹھی بھر عالموں کا ذکر نہیں ہے ورنہ مجھے تو یہ تصور بالکل خیال معلوم ہوتا ہے۔ تعلیم عامہ اور تہذیب کے مسائل سے اس کا کوئی تعلق نہیں ہے، یہ ممکن ہے کہ صنعتی، علمی اور کاروباری امور میں اور خصوصاً بین الاقوامی تعلقات کے لئے رفتہ رفتہ انگریزی کا استعمال بڑھتا جائے گا۔

ایک حد تک آج بھی یہی معاملہ ہے افکار و اشغالِ عالم سے باخبر رہنے کے لئے ہم میں سے بعض کو بیرونی زبانوں کا علم لازمی طور پر حاصل کرنا ہوگا۔ اور میں تو یہ چاہتا ہوں کہ ہماری یونیورسٹیاں انگریزی کے علاوہ فرینچ، جرمن، روسی اسپینی اور اطالوی کی تعلیم کا بھی انتظام کریں۔ اس سے یہ مطلب نہیں کہ انگریزی سے کنارہ کشی اختیار کی جائے لیکن اگر دنیا کے متعلق صحیح توازن قائم کرنا ہے، تو محض انگریزی عینکوں سے کام نہ چلے گا۔ صرف ایک پہلو اور ایک نظریے پر ارتکاز کی وجہ سے ہماری ذہنیت بہت کچھ یک رخی ہو چکی ہے اور ہمارے سخت سے سخت قوم پرست بھی اس کا اندازہ نہیں لگا سکتے کہ ہندوستان کے متعلق برطانوی نقطہ نظر نے ان کے زاویہ نگاہ کو کس قدر محدود اور مسخ کر دیا ہے؟

دوسری غیر زبانوں کی تحصیل کی ہم کتنی ہی ترغیب کیوں نہ دیں مگر بیرونی دنیا سے ہمارے واسطے کا سب سے اہم ذریعہ انگریزی زبان ہی ہو گی۔ ایسا ہونا بھی چاہئے، ایک مدت سے ہم انگریزی سیکھنے کا جتن کر رہے ہیں اور اس سعی میں ہمیں بڑی حد تک کامیابی بھی ہوئی ہے، سارے کئے دھرے پر پانی پھیرنے اور اس طویل تربیت سے فائدہ نہ اٹھانے کا خیال سراسر احمقانہ ہے۔ بلا شبہ انگریزی دنیا کی اہم اور مقبول زبان ہے اور وہ تیزی سے دوسری زبانوں سے آگے بڑھ رہی ہے اور وہ دنیا میں بین الاقوامی بھرما اور نشر لاسلکی کا ذریعہ ہوتی جاتی ہے۔ یہ دیکھنا کہ 'امریکن' اس کا نمبر نہ چھین لے اس لئے ہمیں انگریزی زبان کی اشاعت کرنا چاہئے، اس پر جتنا عبور حاصل کیا جائے، اچھا ہی ہے لیکن مجھے ہرگز پسند نہیں ہے کہ اس زبان کی نزاکتیں اور باریکیاں سمجھنے میں بہت زیادہ وقت اور ذہانت ضائع کی جائے۔ اکے دکے آدمی ایسا کیا کریں گے مگر اسے ایک عام مقصد بنا دینے کا مطلب یہ ہے کہ لوگوں پر فضول بار لادا جائے اور انہیں دوسرے کاموں میں ترقی حاصل کرنے سے روکا جائے۔

بنیادی انگریزی (BASIC ENGLISH) کی طرف اب میں بہت توجہ کرنے لگا ہوں اور میری رائے یہ ہے کہ یہ غیر معمولی سہولت جو زبان میں پیدا کی گئی ہے اس کا مستقبل امید افزا ہے۔ بہتر تو یہ ہے کہ ہم بڑے پیمانے پر بنیادی انگریزی کی اشاعت شروع کر دیں اور معیاری انگریزی کو ماہروں اور شوقین طلبہ کے لیے چھوڑ دیں۔ میں ذاتی طور پر یہ پسند کروں گا کہ ہندوستانی دوسری غیر ملکی زبانوں اور انگریزی کے الفاظ کو اپنانے اور رواج دینے کی صلاحیت پیدا کرے۔ یہ ضروری بھی ہے کیونکہ ہمارے پاس جدید اصطلاحات نہیں ہیں اور سنسکرت، فارسی، یا عربی سے غیر مانوس و ادق ترکیبیں وضع کرنے کے بدلے عام فہم الفاظ کو اختیار کر لینا زیادہ مناسب ہے، خالص زبان کے

معتقد (PURIST) پردیسی الفاظ کے استعمال پر اعتراض کرتے ہیں مگر ان کی غلطی ہے کیونکہ ہماری زبان اس وقت مالامال ہوگی جب کہ اس میں ایسالوچ ہو کہ وہ دوسری زبانوں کے الفاظ اور خیالات کو اپنانے کی صلاحیت پیدا کرے۔

اپنی بہن کی شادی کے بعد میں اپنے پرانے دوست اودھم کار شیو پرشاد گپتا سے ملنے کے لئے بنارس گیا۔ وہ سال سوا سال سے بیمار پڑے تھے لکھنو جیل میں ان پر فالج گرا اور اب وہ بہت دھیرے دھیرے روبصحت ہو رہے تھے۔ قیام بنارس کے دوران ہندی کی ایک چھوٹی سی ادبی انجمن نے مجھے ایڈریس دیا اور اس موقع پر اس کے ارکان سے میری گفتگو ہوئی۔ میں نے مشورہ دینے سے پہلے جتا دیا کہ ایسے معاملات پر جن کے متعلق میرا علم محدود ہے، ماہرین فن سے کہتے ہوئے مجھے تامل ہوتا ہے، میں نے ہندی کی پر تکلف اور پیچیدہ عبارت آرائی پر تنقید کی جو مشکل سنسکرت الفاظ سے بھری ہوئی ہے جس میں تصنع ہوتا ہے اور جو فرسودہ اسالیب کی نقل ہے، یہ طور عام ہے۔

میں نے یہ رائے دینے کی جرات کی کہ اس درباری اسلوب کا تخاطب چند لوگوں سے ہو سکتا ہے اور اسے جلد چھوڑ دینا چاہئے۔ ہندی کے معنوں کو ارادتاً عوام کے لئے لکھنا چاہئے، یعنی ایسی زبان میں جو عوام کی سمجھ میں آسکے۔ عوام کا تعلق زبان میں نئی روح پھونکے گا اور اسے اخلاص کا جوہر عطا کرے گا۔ عوام کے جذبات کی قوت مصنفوں پر بھی اثر ڈالے گی اور وہ زیادہ بہتر کام کرنے لگیں گے۔ میں نے یہ بھی کہا کہ اگر ہندی کے مصنف مغربی علم وادب کی طرف زیادہ توجہ کریں تو انہیں بڑا فائدہ ہوگا۔

یورپین زبانوں کی اعلیٰ تصانیف اور جدید خیالات کی حامل کتابوں کے تراجم بہت سود مند ہوں گے۔ میں نے یہ بھی کہا کہ غالباً جدید بنگالی گجراتی اور مرہٹی زبانیں ان معاملات میں نئی ہندی سے کسی حد تک آگے ہیں اور اس امر میں شبہ کی کوئی گنجائش نہیں

کہ زمانہ حال میں بنگالی میں ہندی سے کہیں زیادہ تخلیقی کام ہوا ہے۔

ان معاملات پر ہماری بات چیت دوستانہ تھی۔ پھر میں وہاں سے چلا آیا۔ مجھے مطلق خیال نہ تھا کہ میری رائے اخباروں کو بھیج دی جائے گی۔ مگر کسی نے جو اس صحبت میں شریک تھا، اس گفتگو کی رپورٹ ہندی پریس میں اشاعت کیلئے بھیج دی۔

پھر تو ہندی اخباروں نے میرے خلاف بڑا واویلا مچایا۔ ہندی کو بنگالی، گجراتی اور مرہٹی سے گھٹیا بتانے کی وجہ سے مجھے خوب صلواتیں سنائی گئیں۔ مجھے جاہل بتایا گیا اور حقیقت بھی یہی ہے کہ اس معاملے میں میرا علم بہت محدود تھا۔ مجھ پر دباؤ ڈالنے کے لئے اور بھی سخت باتیں کہی گئیں۔ اس مباحثہ کے لئے میرے پاس وقت نہ تھا اور بعد میں مجھے معلوم ہوا کہ یہ شورش مہینوں جاری رہی حتی کہ میں پھر جیل چلا گیا۔

اس واقعے سے مجھے ایک نئی بات معلوم ہوئی اور اس سے ہندی کے ادیبوں اور اخبار نویسوں کی غیر معمولی زود حسی کا راز کھل گیا اور یہ پتہ چل گیا کہ ایک بہی خواہ کی تھوڑی سی مخلصانہ تنقید کو بھی وہ سننا گوارا نہیں کرتے۔ ظاہر ہے کہ اس کی وجہ اپنی پستی کا وہم تھا۔ یہ تو اکثر ہوا کہ مصنف اور نقاد باہم دست و گریباں ہو جاتے ہیں اور ایک دوسرے پر ذاتی بغض وحسد کا الزام لگاتے ہیں مگر ان کا (میرے معترضین کا) زاویہ نگاہ نہایت ہی تنگ، فرسودہ اور سرمایہ دارانہ تھا اور معلوم ہوتا تھا کہ مصنف اور اخبار نویس ایک دوسرے کے لیے اور ایک محدود دائرے کے لئے لکھتے ہیں اور عوام اور ان کے مفاد سے انہیں کوئی تعلق نہیں ہے جب کہ انہیں نیا اور وسیع میدان مل سکتا ہے۔ تو ان کا یہ طرز عمل قابل رحم ہے کیونکہ یہ صلاحیت کی بربادی کے سوا کچھ نہیں۔ ہندی ادب کا ماضی شاندار رہے مگر وہ اپنی ماضی کے بوتے ہمیشہ زندہ نہیں رہ سکتا۔ مجھے یقین ہے کہ اس کا مستقبل روشن ہے اور ہندی اخبار نویس اس ملک کی قابل قدر طاقت ثابت ہوگی، لیکن

اس وقت تک ان کی ترقی محال ہے، جب تک فرسودہ پابندیوں سے آزاد نہ ہو جائیں اور جرات کر کے عوام کو اپنا مخاطب نہ بنائیں۔

حوالہ (۱): یہ واقعہ پنڈت جی کی بہن کی شادی کا ہے۔

Urdu & Devnagri script. Essay: Jawaharlal Nehru

✳ ✳ ✳

زبانوں کی تہذیب اور اردو

ڈاکٹر محمد ناظم علی

زبان سماجی اور معاشرتی ضرورت کے لئے بے حد ناگزیر ہے۔ اور یہ فطری جبلتی اظہار ہے۔ زبان مواصلات کا بہترین ذریعہ ہے۔ اسی بنیاد پر انسان کائنات میں اشرف و افضل مانا جاتا ہے۔ تمام مخلوقات میں انسان کو زبان کی اساس پر فضیلت حاصل ہے۔ زبان کے بغیر زندگی اور تہذیب کا تصور محال ہے۔ انسانیت کی ترقی کے لئے زبان کی اہمیت سے انکار و مفر نہیں۔ انسانی قدروں کے فروغ اور تہذیب و تمدن کی بقاء کے لئے زبان ضروری ہے۔ اس سے معاشرتی رشتے اور مشترکہ قدریں پروان چڑھتی ہیں۔ اگر زبان کے تعلق سے کہا جائے تو بے جا نہ ہوگا کہ زبان نہیں تو ذہن نہیں۔ اور ذہن نہیں تو زندگی نہیں۔ اس لئے انسانی وجود وشناخت اور اس کی بقا کے لئے زبان ضروری ہے۔

علاقائی و جغرافیائی حد بندیوں کی وجہ سے زبانیں مختلف علاقوں میں محدود ہوگئی ہیں۔ ہر ملک کی تہذیت اور سماجی قدرں کی بقا و تقویت کے لئے زبان اہم رول ادا کر سکتی ہیں۔ یہ زبان ہی تھی جس کے ذریعے سے انگریزوں کی تہذیب پورے عالم پر مسلط ہوتی گئی۔ چنانچہ ہم دیکھتے ہیں کہ انگریزی تہذیب کے نقوش مختلف علاقوں پر انگریزی زبان کے ذریعے مسلط و مروج ہوگئے۔ انگریزی لباس، وضع قطع اور انگریزی تہذیب و تمدن مغرب و مشرق میں ایسے رچ بس گئے کہ لوگ اپنی مقامی تہذیب و روایت کو بھولتے

جارہے ہیں۔ جب کہ مقامی تہذیب اور قومی کلچر ملک کی زبانوں سے فروغ پاتے ہیں۔ مختلف ریاستوں میں مختلف زبانیں مروج ہیں۔ اور ہر ریاست کی اپنی علٰحیدہ لسانی و تہذیبی شناخت ہے۔ تامل، ملیالم، کنڑ، تلگو، مراٹھی، راجستھانی، گجراتی، برج بھاشا، ہندی، پنجابی اور ہریانوی وغیرہ اپنے اپنے علاقوں میں مروج ہیں۔ یہ زبانی بولی، لکھی اور سمجھی جاتی ہیں۔

ان زبانوں میں مخصوص کلچر کسی نہ کسی علاقے میں پروان چڑھ رہا ہے۔ ہندوستان اور اب ساری دنیا میں مشہور و مقبول اردو زبان بھی دہلی کے دوآبہ علاقے میں پیدا ہوئی۔ اس زبان کا ادبی سرمایہ بے مثال ہے۔ اور بتدریج اس میں اضافہ ہوتا جارہا ہے۔ عصری دور میں تخلیقی معرکے جاری ہیں۔ اور رہیں گے ۔ گیسوئے اردو کو سنوارنے میں تمام طبقات مشغول و منہمک ہیں۔ اس لئے کہ یہ مشترکہ و قومی یکجہتی کی زبان تصور کی جاتی ہے۔ اردو کو ہر فرقہ اور ہر طبقہ کے لوگ بولتے ہیں۔ معاشی، سماجی اور تمدنی ضرورتوں کے لئے اردو کا استعمال ہوتا ہے۔ لیکن آزادی کے بعد اردو کی سالمیت ختم ہوگئی۔

ہر ریاست لسانی تعصبیت میں بٹ گئی۔ اور اب بعض ریاستوں میں اردو بولنے والوں کی تعداد کم ہوتی جارہی ہے۔ اگر آج بھی ہندو مسلم سکھ عیسائی اردو سیکھنے لگیں اور اسی کام میں لگ جائیں تو اردو کا سنہرا ماضی لوٹ آسکتا ہے۔ ابھی سے اردو جاننے والے دیگر ابنائے وطن کو اردو سکھانے کا عمل شروع کردیں تو تو اردو کو فروغ حاصل ہوگا۔ زبان کو کسی قوم اور فرقہ سے جوڑنا مناسب نہیں ہے۔ اور مخصوص طبقے سے معنون کرنا بھی غیر انسانی عمل ہے۔ زبانیں کسی کی ذاتی میراث نہیں ہوتیں۔ البتہ زبانوں میں کسی بھی قوم کی تہذیب و کلچر کی عکاسی ہوتی ہے۔ ملکی تہذیب۔ ثقافت۔ کلچر۔ رواداری اور مشترکہ تہذیب کی بقاوترقی کے لئے اردو زبان کی ترقی اور بقا ضروری ہے۔ کسی بھی زبان

کی ترقی کے لئے ضروری ہے کہ اس کا رشتہ کاروبار سے اور روزگار سے مربوط رہے۔ وہی طبقہ ایسا تصور رکھتا ہے جو نا آسودہ اور معاشی بحران کا شکار ہے۔

ورنہ ٹامل۔ ملیالم۔ کنڑ اور تلگو میں تعلیم و تربیت کے فارغ روزگار کے علاوہ تجارت کا خواب بھی دیکھتے ہیں۔ ہر زبان کے فارغ کو ملازمت ملنا ضروری نہیں ہے۔ بلکہ دیگر شعبوں اور محکموں میں قسمت آزمائی کر سکتے ہیں۔

زبانیں تہذیبی۔ علاقائی روحانی اور سماجی شعور عطا کرتی ہیں۔ نہ کہ معاشی آسودگی کے لئے دیگر شعبہ جات موجود ہیں۔ تجارت، صنعت و حرفت، دستکاری، صحافت، پرنٹ و الیکٹرانک میڈیا۔ ترجمہ وغیرہ کو عصری دور میں معیشت و معاشی تقاضوں اور روزگار سے مربوط کرنے کا عمل رائج ہو گیا ہے۔ اردو کے لئے بھی یہی عمل رواں دواں ہونا چاہئے۔ کئی خاندان روزگار کی عدم دستیابی کی وجہہ سے اردو سے دور ہوتے جا رہے ہیں۔ اور بعض لوگ تو اردو پر انگریزی میڈیم کو ترجیح دے رہے ہیں۔ ان کا یہ تصور کہ انگریزی سے روزگار ملنے میں آسانی ہو گی، انگریزی میں عصری ٹیکنالوجی موجود ہے۔ اسے کے برعکس علاقائی اور مادری زبانوں میں عصری علوم و فنون بہت کم دستیاہیں۔ اس لئے سب انگریزی جیسی عالمی زبان کو فوقیت دیتے ہیں۔

لیکن اردو کے لئے یہ ضروری ہو جاتا ہے کہ اس کو ہم عصری ٹیکنالوجی سے ہم آہنگ اور مربوط کریں۔ اور نئے ذرائع اور وسائل پیدا کریں۔ اس کو نہ صرف مسلمان بلکہ تمام طبقوں میں عام کریں۔ اردو کو عوامی اور لسانی ٹیکنالوجی سے مربوط کرنا ہو گا۔ اس کی ترقی کے لئے انفارمیشن ٹیکنالوجی سے استفادہ کرنا ہو گا۔ نسل نو میں اردو لکھنے پڑھنے کا جذبہ پیدا کرنا ہو گا۔ وہی زبان فروغ پاتی ہے جو عوامی تقاضوں سے ہم آہنگ ہوتی ہے۔ اردو میں بھی بتدریج عوامی تبدیلیاں لانا ہو گا۔ تعلیمی اداروں اور جامعات میں اردو کے

عوامی طریقہ تدریس کو اپنایا جا سکتا ہے۔

زبان کے تحفظ کے لئے حکومت کے ساتھ ساتھ اردو دانشوروں کی بھی ذمہ داری ہے کہ وہ اردو کو عام کرنے کی کوشش جاری رکھیں۔ اردو زبان سیکھنے کی ترغیب دینا وقت کا اہم تقاضہ ہے۔ روحانی و دینی قدروں کی ترویج اردو سیکھنے سے ہو سکتی ہے کیونکہ اردو زبان میں ہی دینی سرمایہ بہت زیادہ محفوظ ہے۔ جو لوگ اردو کی روٹی کھاتے ہیں ان کے بچے انگریزی میڈیم میں پڑھتے ہیں۔ ان کی اردو سے بے رخی لسانی و اخلاقی جرم ہے۔ اردو کی روٹی کھانے والے دانشوروں سے گذارش ہے کہ اپنے بچوں کو اردو پڑھائیں۔ اسکول میں نہیں تو خانگی طور پر ہی سہی۔ حیدرآباد میں ادارہ سیاست کے تحت سال میں دو مرتبہ اردو دانی و زبان دانی و اردو انشاء کے امتحانات خانگی طور پر ہوتے ہیں۔ جس کے گذشتہ دس سال سے اچھے اثرات رونما ہوئے ہیں اور اردو پڑھنے والوں کی ایک نئی نسل تیار ہوئی ہے۔ اسی جذبے کے تحت دیگر اردو والوں کو بھی آگے آنے کی ضرورت ہے۔ NCPUL ادارہ بھی اردو میں عصری علوم کے فروغ کے لئے نمایاں خدمات انجام دے رہا ہے۔

عربی مدارس اور صباحی مدرسوں کے ذریعے بھی اردو سکھائی جا رہی ہے۔ حکومت نے جی او جاری کرتے ہوئے تلگو زبان کو اول تا دہم سیکھنا لازمی کر دیا ہے۔ اسی طرح کیا ہی اچھا ہوتا کہ اردو کو بھی تمام میڈیم کے طلباء کے لئے سیکھنا لازمی کر دیا جاتا۔ اس سے تلگو والے بھی اردو سیکھ لیتے۔

زبان کے ساتھ رسم الخط کا تحفظ بھی لازمی ہے۔ زبان اگر جسم ہے تو رسم الخط زبان کی روح ہے۔ ہر زبان کا اس کا اپنا رسم الخط ہوتا ہے۔ اس کو بدلنے کی کوشش زبان کی ہلاکت کا باعث ہوگی۔ جو لوگ رسم الخط بدلنے کی باتیں کرتے ہیں۔ وہ اس کی اہمیت سے

ناواقف و نابلد ہوتے ہیں۔ زبان اور رسم الخط لازم و ملزوم ہیں۔ دونوں کا چولی دامن کا ساتھ ہے۔ روح اور جسم کا رشتہ ہوتا ہے۔ رسم الخط سے زبان کی شناخت ہوتی ہے۔ جب ہندوستان میں اردو کی داغ بیل پڑی تو اس دیوناگری میں لکھا جاتا تھا۔ لیکن جب اس نے زبان کی حیثیت اختیار کر لی تو فارسی داں اس کو فارسی خط میں لکھنے لگے۔ انگریزی دور حکومت میں یہی اردو رومن انداز میں لکھی جانے لگی۔ اردو کا رسم الخط فارسی رسم الخط کی توسیع شدہ شکل ہے۔ اس رسم الخط میں بعض ترمیمات و اضافے کے بعد اسی اردو زبان کے لئے اختیار کیا گیا۔ لیکن بنیادی طور پر اردو کے رسم الخط کا ڈھانچہ وہی رہا جو عربی رسم الخط کا تھا۔ اردو کا طرز تحریر نستعلیق کہلاتا ہے۔ جو اردو کو فارسی کی دین ہے۔ اردو رسم الخط کے تحفظ کے لئے ضروری ہے کہ لوگ اپنی مادری زبان میں بچوں کو تعلیم دیں۔ حکومت اردو زبان کی سرپرستی کرے۔ اردو میں درخواستیں لکھنے اور قبول کرنے کا نظام شروع کرے۔ ملک بھر میں جہاں بھی اردو بولنے والے ہوں وہاں سرکاری دفاتر، بس اور ریل اسٹیشن اور دیگر عمارتوں کے سائن بورڈ اردو میں بھی تحریر ہوں۔ اردو اخبارات کا چلن عام ہو۔ اردو رسم الخط کے تحفظ کے لئے کمپیوٹر کو بھی استعمال کیا جا سکتا ہے۔ ان پیج کے ذریعے گھروں میں موجود کمپیوٹر پر بچوں کو اردو سکھائی جا سکتی ہے۔ اردو زبان اور رسم الخط کے تحفظ کے لئے حکومت اور عوام کی اجتماعی کوشش ضروری ہے۔ صرف نعرے لگانے سے کام نہیں چلے گا۔ بلکہ ٹھوس عملی اقدامات کی ضرورت ہے۔

Civilization of languages and Urdu. Essay: Dr. Mohammad Nazim Ali

* * *

وضعِ اصطلاحات - اصطلاح کی ضرورت کیوں ہے؟

مولوی وحید الدین سلیم

اعلیٰ حضرت فرماں روائے دکن نے جامعہ عثمانیہ اور دارالترجمہ کی بنیاد یں اٹھا کر تمام دنیائے اردو پر وہ احسان کیا ہے جو رہتی دنیا تک یاد گار رہے گا۔ ہندوستان کی نسلیں جب اردو زبان کی روز افزوں ترقی دیکھیں گی اور اس میں ہر قسم کے ادبی اور علمی خیالات کے ادا کرنے کی قابلیت پائیں گی تو "زندہ باد عثمان علی خاں" کا نعرہ بلند کریں گی۔

صاف ظاہر ہے کہ اگر اردو زبان میں ہر علم کی تعلیم عام نہ کی جاتی اور یورپ کی زبانوں سے اس زبان میں علمی کتابوں کے ترجمہ کرنے کا ایسا وسیع انتظام نہ کیا جاتا تو اردو زبان کے دائرہ کو وسیع کرنے کی ضرورت کبھی محسوس نہ ہوتی اور ان اصولوں اور طریقوں کا سراغ کبھی نہ لگایا جاتا جن پر اردو زبان کے آئندہ ارتقا کی بنیاد ہے اور اس کتاب میں تفصیل کے ساتھ درج کئے گئے ہیں۔ پس اردو زبان کے جدید انقلاب کی صبح کا طلوع ہونا اسی مبارک اور روشن عہد کی برکات میں سے ہے جو "عہد عثمانی" کے نام سے مشہور ہے۔

اصطلاح کی ضرورت کیا ہے؟

اصطلاح کی ضرورت ایسی نہیں ہے جس سے لوگ آگاہ نہ ہوں۔ اگر اصطلاحیں نہ ہوں تو ہم علمی مطالب کے ادا کرنے میں طول لاطائل سے کسی طرح نہیں بچ سکتے، جہاں

ایک چھوٹے سے لفظ سے کام نکل سکتا ہے وہاں بڑے بڑے لمبے جملے لکھنے پڑتے ہیں اور ان کو بار بار دہرانا پڑتا ہے۔ لکھنے والے کا وقت جدا ضائع ہوتا ہے اور پڑھنے والے کی طبیعت الگ ملول ہوتی ہے۔ اصطلاحیں در حقیقت اشارے ہیں جو خیالات کے مجموعوں کی طرف ذہن کو فوراً منتقل کر دیتے ہیں۔

بعض حضرات کی رائے ہے کہ اصطلاحیں وضع کرنے سے حافظہ پر بار پڑتا ہے۔ سہولت اسی میں ہے کہ ہر اصطلاح سے جو معنی مطلوب ہیں، وہ تشریح و تفصیل کے ساتھ بیان کر دئے جائیں مگر ایسا کرنے میں یہی دقت ہے کہ لکھنے والے اور پڑھنے والے دونوں کا وقت ضائع ہوتا ہے اور کاغذ کا صرفہ جدا ہوتا ہے۔ حافظہ پر بار پڑنے کی شکایت جو ان حضرات نے کی ہے وہ بھی صحیح نہیں ہے، کیوں کہ جو شخص کسی علم یا فن کو سیکھنا چاہتا ہے، بس اسی علم یا فن کی اصطلاحیں اسے یاد کرنی پڑتی ہیں۔ اس سے یہ باز پرس نہیں کی جاتی کہ وہ تمام علوم و فنون کی اصطلاحیں کیوں نہیں جانتا؟ یورپ میں بھی جہاں تعلیم عام اور جبری ہے کوئی شخص ایسا نہیں ملے گا جو دنیا بھر کے علوم و فنون کی اصطلاحیں ازبر رکھتا ہو۔ ہر صاحب فن صرف اپنے فن کی اصطلاحات اور اس فن کی معلومات سے آگاہ ہوتا ہے۔

اصطلاحات ہی پر کیا موقوف ہے۔ اگر آپ عام زبان پر غور کریں تو ہر لفظ ایک آوازی اشارہ ہے جو خیالات کے ایک بڑے مجموعے کی طرف رہنمائی کرتا ہے، لفظوں کے بنانے کی ضرورت ہی اس بنا پر پیش آئی کہ خیالات کے مجموعوں کو بول چال میں بار بار دہرانا نہ پڑے تاکہ بولنے والے اور سننے والے کا وقت ضائع نہ ہو اور ایک شخص کا مافی الضمیر دوسرے شخص کے دل میں آسانی سے اتر جائے۔

ان آوازی اشاروں سے جن کے مجموعے کا نام "زبان" ہے بلاشبہ حافظہ پر کسی قدر بار پڑتا ہے، مگر یہ تھوڑی تکلیف اس بڑی تکلیف سے بچنے کے لئے گوارا کی گئی ہے جو

اعضائی اشاروں سے کام لینے میں برداشت کرنی پڑتی تھی۔ جب زبان ایجاد نہیں ہوئی تھی تو آوازوں کی جگہ اعضائی اشاروں سے کام لیا جاتا تھا۔ ہر شخص اپنے دل کا مطلب دوسرے شخص کو سمجھانے کے لئے ہاتھ پاؤں اور آنکھوں کے اشاروں سے کام لیتا تھا۔ یہ اشارے عجیب وغریب اور مختلف قسم کے ہوتے تھے۔

پالن ایشیا کے جزائر میں بعض وحشی قومیں اب بھی ایسی موجود ہیں جو آوازوں کی جگہ ایسے اشاروں سے کام لیتی ہیں۔ بات چیت کرنے کے وقت ان سے عجیب عجیب حرکات ظہور میں آتی ہیں، جن جزائر کی وحشی قوموں میں کچھ آوازیں پیدا ہوگئی ہیں، ان میں اشاروں کی کمی صاف نظر آتی ہے۔ آوازوں یا لفظوں کی ترقی سے اعضائی اشارات بتدریج کم ہوتے گئے ہیں۔ جن قوموں کی زبان میں نسبتاً الفاظ زیادہ ہیں، وہ بمقابلہ ان قوموں کے جن کی زبان میں لفظوں کی کمی ہے، اعضائی اشارات کا استعمال بہت کم کرتی ہیں۔

چونکہ آوازی اشاروں میں اعضائی اشاروں کی نسبت بہت کم تکلیف ہے، اس لئے الفاظ کی تعداد زبانوں میں رفتہ رفتہ بڑھتی گئی ہے اور ان کے یاد رکھنے کی کوشش برابر ہوتی رہی ہے۔ اس کا انجام یہ ہوا کہ الفاظ کے یاد رکھنے میں حافظہ پر جو بار پڑتا تھا، وہ بھی متواتر یاد کرنے کی مشق سے کم ہوتا گیا اور خود حافظے بھی قوی ہوتے گئے۔

چنانچہ مورخوں نے بیان کیا ہے کہ دنیا کی وہ قدیم قومیں جو سنسکرت، لاطینی، یونانی اور عربی زبان بولتی تھیں، ان کے حافظے بمقابلہ دیگر ہم عصر اقوام کے نہایت قوی تھے۔ یہ وہ زبانیں ہیں جن میں الفاظ کی تعداد بمقابلہ دیگر قدیم زبانوں کے بہت زیادہ ہے۔

اس سے معلوم ہوا کہ الفاظ اس لئے ایجاد کئے گئے تھے کہ اعضائی اشاروں میں جو سخت تکلیف ہوتی تھی اس سے بچیں۔ الفاظ کے یاد رکھنے میں بے شک حافظہ پر بار پڑتا تھا مگر یہ تکلیف بمقابلہ اس تکلیف کے کم تھی، اس لئے خوشی سے برداشت کی گئی۔ پھر

لفظوں کے یاد رکھنے کی متواتر کوشش سے حافظہ کا بار بھی کم ہو گیا اور اس مشاقی سے خود حافظہ طاقتور ہو گیا۔ پس لفظوں کی افزائش سے حافظہ پر بار پڑنے کی شکایت کسی طرح معقول نہیں ہے، کیونکہ اول تو یہ تکلیف بمقابلہ اس تکلیف کے بہت ہی کم ہے جو لفظوں کے نہ ہونے کی صورت میں ہم کو برداشت کرنی پڑتی۔ دوسرے موجودہ صورت میں خود حافظہ کی مشق اور اس کی تقویت متصور ہے۔

اس کے علاوہ ہم کو ایک اور اہم بات پر بھی غور کرنا چاہئے۔ الفاظ معلومات پر دلالت کرتے ہیں، اور الفاظ کی بہتات معلومات کی بہتات پر دلالت کرتی ہے۔ پس جس قوم کی زبان میں الفاظ کی تعداد کثیر ہے، اس کی معلومات کا دائرہ بھی بمقابلہ اس قوم کے جس کی زبان میں الفاظ کی قلت ہے نہایت وسیع ہو گا۔ اس بنا پر پہلی قوم بمقابلہ دوسری قوم کے لازمی طور پر زیادہ مہذب ہو گی۔ اس کا نتیجہ یہ ہے کہ جو حضرات الفاظ کی افزائش کے شاکی ہیں اور حافظہ پر بار پڑنے کا عذر پیش کرتے ہیں، وہ گویا اپنی قوم کو تہذیب و تمدن سے دور بھگانے اور وحشت و بربریت کی طرف گھسیٹ کر لے جانا چاہتے ہیں۔ دوسرے لفظوں میں یہ کہنا زیادہ موزوں ہو گا کہ وہ اپنے ابنائے جنس کو ترقی کی بلندی سے نیچے اتار کر تنزل کے غار میں ڈھکیلنا چاہتے ہیں۔

ان حضرات کو سوچنا اور سمجھنا چاہئے کہ زندگی اور تمدن کی ضروریات ہی الفاظ کو عدم سے وجود میں لاتی ہیں۔ گاؤں میں تمدن کی ضروریات کم ہیں، اس لئے گاؤں کے رہنے والے کم و بیش دو سو الفاظ سے اپنا کام چلا لیتے ہیں۔ مگر جب ان کو شہروں میں آنا پڑتا ہے اور شہریوں سے معاملہ کرنے کی ضرورت پیش آتی ہے تو ضرورتاً ان کے الفاظ میں اضافہ ہوتا ہے اور اب تین چار سو الفاظ کے بغیر ان کا کام نہیں چل سکتا۔

گاؤں والوں کی نسبت شہر والوں کی ضروریات زندگی زیادہ ہیں، اس لئے ان کی

زبان میں الفاظ کی تعداد کثیر ہے اور گاؤں والوں کی زبان کو شہر والوں کی زبات سے کچھ نسبت نہیں۔ پھر بڑے شہروں، دارالسلطنتوں، تجارتی منڈیوں، صنعتی کارخانوں اور علمی مرکزوں میں زندگی بسر کرنے والوں کی ضروریات تمدنی اور بھی زیادہ ہیں۔ ان کو لازمی طور پر الفاظ کا بہت بڑا ذخیرہ اپنے ذہنوں میں محفوظ رکھنا پڑتا ہے۔ اگر یہ لوگ معترض حضرات کی طرح اپنے حافظہ پر بار ڈالنا نہ چاہیں تو ان کو چاہئے کہ ان بڑے تمدنی مرکزوں سے بھاگیں اور عام شہروں میں زندگی بسر کریں۔ پھر اگر عام شہری باشندے حافظے پر بار ڈالنے سے بچنا چاہیں تو ان کو لازم ہے کہ وہ دیہات میں جا کر آباد ہوں۔ اسی طرح اگر دیہات کے باشندوں کے دماغ دو تین سو الفاظ کے بوجھ کا بھی تحمل نہ کر سکیں، تو پھر ان کے لئے پالن ایشیا کے ان جزیروں میں سکونت اختیار کرنا موزوں ہوگا، جہاں آوازی اشاروں یعنی الفاظ کا کوئی سراغ نہیں ملتا۔

حاصل کلام یہ ہے کہ اگر ہم ترقی کرنا چاہتے ہیں، اگر ہم شائستہ اور مہذب قوموں کی صف میں داخل ہونا چاہتے ہیں اور اگر ہم علوم و فنون حاصل کرنا زندگی کا اہم مقصد جانتے ہیں تو زبان میں جدید الفاظ اور اصطلاحات کے اضافہ سے ہم کو ڈرنا نہیں چاہئے کیونکہ ترقی کے لئے اس بوجھ کا برداشت کرنا ناگزیر ہے۔

Terminology and its need, Essay: Waheeduddin Saleem

***

اردو ادارے اور فروغِ اردو کا منصوبہ

اے۔ رحمٰن

اس میں شبہ نہیں ہو سکتا کہ ہر اردو داں اردو سے محبت کرتا ہے۔ اس کی بنیادی وجہ ہے، اردو زبان کے کچھ غیر معمولی اوصاف جو کسی دیگر ہندوستانی زبان میں نہیں پائے جاتے۔ ان دیگر زبانوں میں ہندی بھی شامل ہے جس کا صوتی کردار سنسکرت کی آمیزش کی وجہ سے نسبتاً اکھڑ سا ہے۔ علاوہ ازیں ہندی میں عربی اور فارسی کی لفظیات نہ کے برابر ہیں، لہذا جو شیرینی اور اور سلاست اردو تحریر و تقریر کا خاصہ ہے، ہندی اس سے تقریباً محروم ہے۔ اردو سے اسی محبت کی وجہ ہے کہ اردو والوں کو ہر لمحہ اپنی زبان کے زوال پذیر ہونے یا قطعاً فوت ہو جانے کا دھڑکا لگا رہتا ہے۔ پچھلے دس بارہ سال میں تو اردو کے مر جانے کے خطرے سے متعلق جتنے مضامین لکھے گئے، اگر کسی علمی یا ادبی موضوع پر لکھے گئے ہوتے تو اردو زبان و ادب کو کافی فروغ ملتا۔

بڑی خوش نصیبی کی بات ہے کہ ملک میں اردو کے فروغ کے مقصد سے قائم سرکاری اور غیر سرکاری اداروں کی تعداد اتنی ہے کہ گننے بیٹھیں تو دفتر کے دفتر صرف ہوں۔ لیکن ساتھ ساتھ بڑی بد نصیبی کی بات یہ ہے کہ کسی ادارے کے پاس ایسا کوئی منصوبہ نہیں جس کے تحت زبان کو واقعتاً فروغ دیا جا سکے۔

اردو کی بقا کے لئے اردو کو روزگار سے جوڑنے کا نعرہ بھی ڈھول پیٹ پیٹ کر لگایا جاتا

ہے، یہاں تک کہ اب اس نعرے نے ایک باضابطہ سیاسی مطالبے کی شکل اختیار کرلی ہے، لیکن میں اپنے دوست شجاع خاور کے شعر میں تصرف کرتے ہوئے کہوں گا

بات سب اردو سے روزی کی کیا کرتے ہیں
بولتا کوئی نہیں ہے کہ یہ ہوگا کیسے

آج تک کسی جانب سے ایسا کوئی منصوبہ سامنے نہیں لایا گیا جو اردو کو روزگار سے جوڑنے میں کارگر ثابت ہو سکے۔ جہاں تک اردو اداروں کا تعلق ہے تو پرائیویٹ اردو اداروں کی بات تو جانے ہی دیجیے، کیونکہ ان میں بیشتر اس قسم کی "ذاتی" تنظیمیں ہوتی ہیں جن کا وجود کاغذ تک محدود ہوتا ہے اور جن کا مقصد سرکاری فنڈ حاصل کر کے چھوٹے موٹے پروگرام اور استقبالیے منعقد کرنے تک محدود ہے۔ رہے سرکاری اور نیم سرکاری ادارے جن کے پاس تھوڑے بہت تعمیری کام کرنے کے وسائل ہوتے ہیں یا ہو سکتے ہیں تو ان کی سرگرمیاں بھی ادبی سیمینار، استقبالیہ اور اجرائے کتب تقریبات اور مشاعروں تک محدود رہتی ہیں۔

مشاعرہ تو پھر بھی ایک بہت اہم ادبی سرگرمی ہے اور اس کی دو بڑی وجوہات ہیں۔ ایک تو یہ کہ اردو شاعری جیسی شاعری دنیا کی کسی زبان میں نہیں ہے اور اردو مشاعرے جیسی ادبی تقریب دنیا میں کہیں نہیں پائی جاتی۔ غیر اردو داں حضرات کے لئے بھی مشاعرہ ایک نہایت پرکشش تفریح ہے، جس کے لئے باذوق و بے ذوق کشاں کشاں چلے آتے ہیں۔ اردو کی دیکھا دیکھی ہندی نے بھی کوی سمیلن کی بدعت شروع کی، لیکن مولوی مدن تو اردو میں ہی پائے جاتے ہیں۔

اجرائے کتب کا کردار محض اشتہاری ہو گیا ہے۔ اور رہے سیمینار تو اس سے زیادہ تضیعِ اوقات وزر کا دوسرا کوئی وسیلہ شاید ہی ہو۔ ایک تو اردو کا ہر ادیب اور مدرس دنیا کے

ہر موضوع پر مقالہ لکھ دیتا ہے۔ موضوعات کا اختصاص اور کسی بھی قسم کے اسپیشلائزیشن کا اردو والوں کے یہاں کوئی تصور نہیں پایا جاتا۔ جس شخص نے سعادت حسن منٹو پر تحقیق کر کے پی ایچ ڈی کی ڈگری حاصل کی ہو، وہ نہایت اطمینان سے چند منٹوں میں "فلسفہ کلام اقبال" یا "غالب کی شاعری پر کلام بیدل کا اثر" جیسے ادق موضوعات پر مقالہ لکھ کر لے آئے گا۔ اب اس مقالے کی کوالٹی یا افادیت کیا ہوگی اس کا بخوبی اندازہ لگایا جا سکتا ہے۔

سیمینار ویسے بھی کوئی عوامی چیز نہیں ہے اور اس کا فائدہ اسی صورت میں ممکن ہے جب کوئی نہایت اہم موضوع منتخب کر کے اس موضوع کے دو تین یا چار ماہرین (اس سے زیادہ تعداد میں کسی موضوع کے ماہرین ہوتے بھی نہیں ہیں) اس موضوع پر اپنی اپنی تحقیق یا خیالات و تاثرات رقم کریں جن پر موازنہ اور بحث کے بعد کوئی نیا علمی نظریہ قائم ہو سکے۔ لیکن ہوتا یہ ہے کہ دئے ہوئے موضوع پر درجن بھر مقالے لکھ اور پڑھ دئے جاتے ہیں اور سیمینار کے اختتام پر مقالہ نگار اپنا اپنا لفافہ سنبھال کر گھر کی راہ لیتے ہیں۔ آج تک نہیں دیکھا گیا کہ کسی سیمینار کے بعد کسی نئے نظریے کی پیدائش یا قائمی کا اعلان کیا گیا ہو۔ سیمینار میں پڑھے گئے مقالات کی اشاعت بھی بہت کم ہی ہو پاتی ہے۔

یہ ایک مسلمہ حقیقت ہے کہ زبان کا فروغ اس کی لغات یعنی vocabulary سے ہوتا ہے۔ جس زبان میں جتنے زیادہ مضامین اور موضوعات کے اظہار کی قوت ہوتی ہے وہ اتنی ہی زیادہ طاقتور اور اہم زبان سمجھی جاتی ہے۔ آٹھویں سے سولہویں صدی کے نصف تک کا زمانہ اسلامی تاریخ کا دور زریں کہا جاتا ہے۔ یہ وہ دور ہے جب مسلمانوں نے نہ صرف یونانی فلسفہ مغرب تک پہنچایا بلکہ الجبرا سے لے کر کیمیا تک مختلف سائنسی علوم میں خود بھی عظیم الشان کارنامے انجام دئے۔

یورپی زبانوں خصوصاً انگریزی، فراسی اور جرمن نے مختلف عرصوں میں اپنی اپنی زبان کو تمام سائنسی علوم کے لئے وسیع کر لیا۔ اس حد تک کہ اب یورپ کی دو چار ہی زبانیں ٹکنالوجی کے میدانوں میں انگریزی کی دست نگر ہیں۔ لیکن ایک چینی زبان کو چھوڑ کر تمام ایشیائی زبانیں انگریزی کی محتاج ہیں۔ انگریزی پڑھے بغیر آپ پائلٹ تک نہیں بن سکتے۔ عربی زبان کی ترقی بھی سترھویں صدی تک آکر تقریباً رک گئی تھی۔ نتیجہ یہ ہوا کہ وہ علوم ہیں جن کے موجد عرب خود تھے انگریزی، فرانسیسی اور جرمن کے محتاج ہو گئے۔ اس ضمن میں سب سے عظیم کارنامہ انجام دیا ہے ایران نے۔ انہوں نے زبان کے فروغ کی اہمیت کو بہت جلد محسوس کر لیا تھا اور تمام علوم جدیدہ کے تقاضوں کے مطابق فارسی کی توسیع کرتے رہے یہاں تک کہ ان کے سائنسدانوں نے فارسی میڈیم کے ذریعے ایٹم بم تک بنا لیا۔ زبان کے فروغ و توسیع کی اس سے بڑی مثال کم از کم اردو کے لئے کوئی اور نہیں ہو سکتی۔

قومی کونسل برائے فروغ اردو زبان اگر 'عالمی کانفرنسوں' جیسی متنازع اور لایعنی سرگرمیوں کو چھوڑ کر تمام سائنسی علوم کے اردو داں ماہرین کو جمع کرے اور سائنس اور ٹکنالوجی کی ہر اصطلاحات کے عام فہم اردو متبادل اختراع کئے جائیں تو بہت جلد بیشتر مضامین اردو میں پڑھے اور پڑھائے جانے لگیں گے۔ اس کے بعد نہ صرف اردو کے ذریعے روزگار کے مواقع از خود پیدا ہوں گے بلکہ زبان کو ہمیشگی مل جائے گی۔

Urdu organizations and projects of Urdu promotion.
Essay: A. Rahman

***

اردو زبان اور رسم الخط کا تحفظ - ہماری ذمہ داریاں

تبسم سلطانہ

اردو ہماری مادری زبان ہے۔ اور یہ قومی اور بین الاقوامی سطح پر بولی اور سمجھی جانے والی ایک مقبول زبان ہے۔ سعودی عرب ہو کہ لندن یا امریکہ، آسٹریلیا ہو کہ جرمنی یا جاپان دنیا کے طول و عرض میں آج اردو بولنے والے مل جائیں گے۔ اس سے پتہ چلتا ہے کہ اردو کی مقبولیت بڑھتی ہی جارہی ہے۔ لیکن اردو زبان کے جائے پیدائیش ہندوستان میں آزادی کے بعد سے اردو کی ترقی مائل بہ زوال ہے۔ اور آج چراغ تلے اندھیرا کے بقول دنیا بھر میں مشہور اردو زبان کے بارے میں ہمیں یہ کہنا پڑ رہا ہے کہ اردو زبان اور اس کے رسم الخط کو مٹنے سے بچانے کے لئے ہمیں کیا کرنا چاہئے۔ ایک طرف تو دعویٰ ہے کہ اردو عالمی طور پر مقبول زبان ہے۔ اور دوسری طرف ہندوستان میں اردو بچاؤ مہم چلانے کی ضرورت پڑ رہی ہے۔ آیئے اردو زبان کے شاندار ماضی سے حال کی طرف آتے ہیں۔

زبان کی تعریف:

زندگی کے ارتقاء میں زبان کا کردار بڑی اہمیت کا حامل ہے۔ اگر انسان حیوان ناطق

نہ ہوتا تو ہماری زبان گونگی رہ جاتی۔ انسانی سماج میں زبان کو بنیادی حیثیت حاصل ہے۔ یہی وہ زبان ہے جو ابلاغ و ترسیل کا بنیادی وسیلہ ہے۔ زبان کا تصور اعضائے نطق سے ادا کی جانے والی آوازوں سے ہے۔ کچھ آوازیں بے معنی ہوتی ہیں۔ اور کچھ با معنی۔ جب آوازیں ایک ترتیب کے ساتھ ادا ہو کر بامعنی لفظ بن جاتی ہیں تو خیالات و احساسات کا ذریعہ بنتی ہیں۔ زبان کیسے وجود میں آئی اس سلسلے میں یقینی طور پر کچھ نہیں کہا جاسکتا۔ لیکن انسانیت کے ارتقاء کے ساتھ زبانوں کی بھی ترقی ہوئی۔ زبان کی ابتدائی شکل بولی ہوتی ہے۔ جسے انگریزی میں Dialect کہتے ہیں۔ اور بولی کی ترقی یافتہ شکل زبان ہوتی ہے۔ جسے انگریزی میں Language کہتے ہیں۔

لسانیات:

زبان کے سائینسی مطالعے اور تجزیئے کا نام لسانیات Linguistics ہے۔ زبان کے مطالعے کی شاخیں صوتیات۔ توضیحی لسانیات۔ بولیاں۔ سماجی لسانیات۔ ثانوی لسانیات۔ نفسیاتی لسانیات۔ تاریخی لسانیات اور اسلوبیات وغیرہ شامل ہیں۔

اردو زبان کا آغاز وارتقاء:

اردو ایک ہند آریائی زبان ہے۔ ہندوستان میں ماہرین لسانیات نے اردو کے آغاز کے نظریے دو طرح سے پیش کئے۔ ایک نظریہ مسلمانوں کی ہندوستان میں آمد اور مقامی باشندوں سے میل ملاپ کے ذریعے اردو کے آغاز کا ہے۔ اس طرح کا نظریہ پیش کرنے والوں نے علاقوں کے اعتبار سے پیش کیا۔ چنانچہ حافظ محمود شیرانی نے پنجاب سے اردو کے آغاز کا نظریہ پیش کیا۔ سلیمان ندوی نے سندھ سے اردو کے آغاز کا نظریہ پیش کیا۔ نصیر الدین ہاشمی نے دکن سے اردو کے آغاز کا نظریہ پیش کیا۔ اور محمد حسین آزاد نے آگرہ سے اردو کے آغاز کا نظریہ پیش کیا۔ بعد میں ہندوستان میں زبانوں کا مطالعہ علم

لسانیات کی روشنی میں کیا گیا۔ ماہرین لسانیات سنیتی کمار چڑجی، مسعود حسین خان، ڈاکٹر محی الدین قادری زور اور پروفیسر گیان چند جین نے واضح کیا کہ ہندوستان میں زبانوں کے مطالعے کو ویدک سنسکرت دور۔ پراکرت دور اور جدید ہند آریائی دور سے جوڑا۔ اور کہا کہ اردو کا آغاز ہند آریائی زبان مغربی ہندی کی شاخ کھڑی بولی سے ہوا۔ اور اس کا جائے پیدائیش دہلی اور آگرہ کے علاقے رہے۔ اور گیارھویں صدی کے اوائل میں زبان کی بنیاد پڑی۔ اور مسلمانوں کی آمد اور مقامی باشندوں کے ساتھ میل ملاپ سے اردو کے الفاظ کا دامن وسیع ہوا۔

"اردو" ترکی زبان کا لفظ ہے۔ جس کے معنی فوج یا لشکر کے ہیں۔ ۱۱۹۳ء کے بعد جو لشکر دہلی میں مقیم ہوا۔ اس کی زبان اردو تھی۔ اور اردو دہلی چلی آئی۔ اور پروان چڑھنے لگی۔ اردو اپنے آغاز کے کافی عرصے تک بولی کی شکل میں پروان چڑھتی رہی۔ مغلیہ سلطنت کے دور میں ملک کی سرکاری زبان فارسی تھی۔ لیکن عوام میں صوفیائے کرام کی تعلیمات اور بازاروں کی بول چال میں اردو استعمال ہونے لگی۔ اردو آغاز کے بعد دکن میں پروان چڑھی۔ جہاں صوفیائے کرام اور بعد میں دکنی سلطنتوں کی سرپرستی سے اردو کے شعری اور بعد میں نثری ادب کو پروان چڑھنے کا موقع ملا۔ اردو کی پہلی نثری داستان سب رس ۱۰۴۵ ہجری میں ملا وجہی نے دکن میں لکھی۔ اردو کی مثنویاں دکن میں ہی پروان چڑھیں۔ اردو کا پہلا صاحب دیوان شاعر محمد قلی قطب شاہ کا تعلق دکن سے رہا۔ ولیؔ کے شمالی ہند سفر سے وہاں اردو شاعری کا آغاز ہوا۔ اور بعد میں انشاء۔ آتشؔ۔ ناسخؔ۔ مصحفیؔ۔ میرؔ۔ دردؔ۔ مومنؔ۔ غالبؔ۔ انیسؔ۔ دبیرؔ۔ حالیؔ۔ اقبال۔ جوشؔ۔ فراقؔ۔ فیضؔ۔ ناصر کاظمی وغیرہ شاعروں نے اردو کی مقبولیت میں اضافہ کیا۔

شاعری کے دور کے بعد اردو نثر کو فروغ ملا۔ فورٹ ولیم کالج۔ دہلی کالج۔ ماسٹر رام

چندر۔ سرسید احمد خان۔ خطوط غالب۔ اردو صحافت۔ مولانا آزاد۔ محمد علی جوہر اور دیگر نے اپنے اپنے طور پر اردو نثر کو فروغ دیا۔ اردو میں داستانوں کے بعد ناول۔ ڈرامہ۔ افسانہ۔ اور غیر افسانوی ادب کی اصناف مضمون۔ انشائیہ۔ رپورتاژ۔ڈائری وغیرہ نے فروغ پایا۔

اردو رسم الخط:

کسی بھی زبان میں پہلی بولی رواج پاتی ہے۔ بعد میں اس کا رسم الخط فروغ پاتا ہے۔اردو کا رسم الخط فارسی و عربی سے ماخوذ ہے۔ یہ سامی خاندان کی زبانیں ہیں جو دائیں سے بائیں لکھی جاتی ہیں۔ اردو نے ضرورت کے مطابق وہ آوازیں جو فارسی اور عربی حروف سے ادا نہیں ہوتی تھیں۔اس کے لئے ہندوستانی زبانوں سے حروف اخذ کئے۔ جیسے ٹ۔چ۔ڈ۔ڑ۔گ۔ وغیرہ۔ اسی طرح ہندی سے بھ۔پھ۔تھ۔ٹھ۔ڈھ۔وغیرہ آوازیں لیں۔۱۷۸۷ء میں جان گلکریسٹ نے سب سے پہلے ہندی کو دیوناگری رسم الخط میں رواج دیا۔ اور ہندی اور اردو کے رسم الخط کا فرق شروع ہوا۔

اردو زبان کے حروف تہجی: اردو کے حروف تہجی ۳۷ ہیں۔ اردو میں عربی فارسی اور ہندی کے الفاظ اور آوازیں شامل ہیں۔جن کی تفصیل اس طرح ہے۔

خالص عربی حروف:

ث۔ح۔ذ۔ص۔ض۔ط۔ظ۔ع۔ق۔ہ

عربی کے ساتھ فارسی میں موجود حروف:

ا۔ب۔ت۔ج۔د۔ر۔ز۔س۔ش۔غ۔ق۔ک۔ل۔م۔ن۔و۔ہ۔ء۔ی۔ے

ہندی الاصل حروف:

ٹ۔ڈ۔ڑ

خالص فارسی حروف۔

پ۔چ۔ژ۔گ

مکمل حروف تہجی:

اب پ ت ٹ ث ج چ ح خ د ڈ ذ ر ڑ ز ژ س ش ص ض ط ظ ع غ ف ق ک گ ل م ن و ہ ء ی ے۔

اردو کا رسم الخط ہندوستان کی تمام تر زبانوں میں جامع اور کشادہ ہے۔ جس کے ذریعے ہر آواز کو ادا کیا جاسکتا ہے۔ چونکہ زبان ایک تغیر پذیر شئے ہے۔ اس میں ہمیشہ تبدیلیاں واقع ہوتی رہتی ہیں۔ اردو کے الفاظ و تراکیب۔ قواعد اور الفاظ سازی تمام زبانوں سے زیادہ وسیع ہیں۔

زبان دو طرح کے مقاصد کی تکمیل کرتی ہے۔ ایک تہذیبی مقصد جس میں علوم و فنون کی اشاعت غور و فکر تحقیق و تنقید ایجادات و اختراع شامل ہیں۔ دوسرے افادی مقصد جس میں روزمرہ کی ضروریات کے لئے زبان کا استعمال شامل ہے۔ ہندوستان میں اردو زبان کا شاندار ماضی رہا ہے۔ مغلیہ دور سے ہی اس زبان کے شعر و ادب نے اپنے بال و پر پھیلانے شروع کردئے تھے۔ انیسویں اور بیسویں صدی میں اس زبان نے نثر اور شاعری کے میدان میں کارہائے نمایاں انجام دئے۔ اور اردو کی سبھی شعری و نثری اصناف میں بیش بہا خزانہ چھوڑا۔ اردو کے مستقبل پر سوال اس وقت سے لگنا شروع ہوا جب کہ آزادی کے بعد ہندوستان میں اردو کے مقابلے میں ہندی کو ملک کی سرکاری زبان قرار دیا گیا۔ اور بتدریج اردو کی سرپرستی میں کمی آنے لگی۔ اور آج عالم یہ ہے کہ شمالی ہند سے اردو کا رسم الخط تقریباً ختم ہو چکا ہے۔ اور وہاں کے شاعر اب اپنا اردو کلام ہندی میں شائع کرانے لگے۔ جنوبی ہند میں اردو کی صورتحال پھر بھی بہتر ہے۔ اور یہاں اردو رسم

الخط زندہ ہے۔ اردو کے اخبارات اور رسائل اردو کی جامعہ اردو یونیورسٹی اور اردو کے تعلیمی ادارے اس زبان کے مستقبل کی امید ہیں۔ لیکن پھر بھی اردو کے رسم الخط کے تحفظ اور زبان کے تحفظ کے لئے اگر شعوری کوشش نہیں کی گئی تو اردو پہلے زبان کے طور پر اور پھر بولی کے طور پر ختم ہو سکتی ہیں۔

اردو زبان اور رسم الخط کے لئے ہماری ذمہ داریاں:

زبان ایک نامیاتی شئے ہوتی ہے۔ اگر اس استعمال کیا جائے تو وہ زندہ رہتی ہے۔ اور اگر اس کے ساتھ لاپرواہی برتی جائے تو پہلے اس زبان کی تحریری شکل ختم ہو جاتی ہے۔ اور اس کے بعد بولی بھی ختم ہو سکتی ہے۔ ایک دور میں دکن میں دکنی اردو کا چلن عام تھا لیکن اب یہ بولی کے طور پر بھی ختم ہو چکی ہے۔ ہندوستان میں فارسی کا بھی سرکاری سطح پر چلن تھا لیکن جب حکومتی سرپرستی ختم ہو گئی تو زبان بھی مر گئی۔ اس کے لئے انفرادی طور پر اور اجتماعی طور پر اردو زبان اور رسم الخط کے تحفظ کی کوشش ہونی چاہیے۔ ذیل میں اردو زبان کے تحفظ کی چند تجاویز پیش کی جا رہی ہیں۔

* اردو کے تحفظ کی پہلی ذمہ داری اردو والوں پر ہوتی ہے کہ وہ اپنے بچوں کو ان کی مادری زبان اردو میں تعلیم دلائیں۔ جب بچوں کی اردو میں تعلیم ہو گی تو اردو میں کتابیں شائع ہونگی۔ اردو مدارس قائم ہونگے۔ اساتذہ کے تقررات ہونگے۔ اردو اخبارات کی افادیت رہے گی۔ اور اردو کا ماحول رہے گا۔ آج اردو کے تحفظ کا نعرہ دینے والے قائدین کے بچے خود انگریزی میڈیم میں تعلیم حاصل کر رہے ہیں تو ہم کیسے امید کر سکتے ہیں کہ غریب کا بچہ اردو میڈیم میں پڑھے اور اردو کا تحفظ ہو۔ اس لئے عملی اقدامات کی ضرورت ہے۔ بیان بازی کی نہیں۔

* اردو کی ادبی انجمنوں اور اداروں کی ذمہ داری ہے کہ وہ فروغ اردو کے لئے جلسے

"سمینار، مشاعرے، طلباء کے لئے تحریری و تقریری مقابلے منعقد کریں۔ طلبا کو انعامات دیں۔ انعام کے لالچ میں بھی بچے سیکھتے ہیں۔

* حکومت کی ذمہ داری ہے کہ وہ اردو کے فروغ کے لئے عملی اقدامات کرے۔ دفاتر میں اردو میں درخواستیں قبول ہوں۔ تمام سرکاری اور خانگی اداروں، ریلوے اسٹیشن، بس اسٹیشن وغیرہ پر اردو میں بورڈ لگوائے جائیں۔

* مرکزی حکومت جس طرح اپنے دفاتر میں بورڈ لگا کر روزانہ ہندی کا ایک لفظ سکھا رہی ہے۔ اسی طرح تمام دفاتر میں اردو سکھانے کے لئے بھی بورڈ لگائے جائیں۔ اور غیر اردو داں حضرات کو روز ایک اردو لفظ سکھایا جائے۔ حکومت جس طرح ریاست میں تلگو کو لازمی طور پر سب کو سکھا رہی ہے۔ اسی طرح لازمی کیا جائے کہ تمام مدارس میں اردو بھی لازمی زبان ہو اور انگریزی و تلگو میڈیم مدارس میں بھی اردو کو ایک لازمی مضمون بنایا جائے اور اس کے لئے حکومت مناسب قانون سازی کرے۔ اور اردو والے جب تک یہ قانون لاگو نہ ہو جائے اپنا مطالبہ جاری رکھیں۔

* اردو اکیڈیمی کو مزید فعال بنایا جائے اور اردو کی کتابوں کی اشاعت اور دیگر امور انجام دئے جائیں۔ اردو میں سائینسی تعلیم کے دور کو دوبارہ شروع کیا جائے۔ جس طرح عثمانیہ یونیورسٹی کے آغاز میں ہوا تھا۔ اردو یونیورسٹی میں اردو میں سائینس کی اعلیٰ تعلیم کا نظم کیا جائے اس کے لئے کتابوں کے ترجمے کا کام کیا جائے۔

* اردو اساتذہ اپنے طلباء میں اردو دانی کے فروغ کے اقدامات کریں۔ کتب خانوں کو فروغ دیا جائے۔ طلباء میں کتب بینی کا شوق بڑھایا جائے۔ اور ادبی مقابلوں کا انعقاد کرایا جائے۔

* مشاعرے اردو زبان کو زندہ رکھنے میں اہم رول ادا کر رہے ہیں۔ مشاعروں کی

طرح نثر کی اصناف جیسے افسانہ اور مضمون و انشائیہ وغیرہ کے بھی اجلاس رکھے جائیں۔ اور زبان کو فروغ دیا جائے۔

* کمپیوٹر کو اردو کے فروغ میں استعمال کیا جائے۔ آج اردو کتابت کمپیوٹر کے ذریعے ہو رہی ہے۔ اس کے امکانات میں وسعت پیدا کی جائے۔ اور اردو سے روزگار کے مواقع میں اضافہ کیا جائے۔

* کسی بھی زبان کو زندہ رکھنے کے لئے حکومت کی سرپرستی لازمی ہے۔ اس لئے اردو دان حلقہ حکومت سے اردو کے بارے میں اپنے مطالبات منواتے رہیں۔ اور اردو دوست حکومت کا انتخاب کرتے رہیں۔

Urdu Language and Script Protection, Our Responsibilities.
Essay: Tabassum Sultana

***

اردو جرنلزم اور روزگار کے مواقع

مصطفیٰ علی سروری

غیر جانبدار مورخین اور دانشور حضرات اس بات سے اتفاق کرتے ہیں اور یہ ایک حقیقت بھی ہے کہ جد جہد آزادی کی تحریک میں اردو صحافت نے ہراول دستے کا رول نبھایا ہے۔ لیکن ہندوستان کی تاریخ کا سب سے بڑا المیہ یہ رہا جب ملک کی تاریخ مرتب کی گئی اور نصاب میں جد وجہد آزادی کا باب شامل کیا گیا تو اس میں اردو صحافت کی خدمات کے باب کو بری طرح نظر انداز کر دیا گیا۔ اردو زبان کے ساتھ سب سے بڑی سیاست یہ بھی کھیلی گئی کہ پاکستان نے جب اردو کو اپنے ملک کی سرکاری زبان قرار دیا تو ہندوستان میں اردو زبان کو اس طرح سرکاری سرپرستی سے محروم کر دیا گیا جیسے یہ کوئی دشمن ملک کی پرائی شئے ہو۔ یہاں تک کہ ہندوستان میں ایک علاقائی زبان میں اعلیٰ تعلیم فراہم کرنے کا کامیاب تجربہ کرنے والی جامعہ عثمانیہ سے اردو ذریعہ تعلیم کو یکلخت برخواست کر دیا گیا۔ اردو زبان کے ساتھ کئے جانے والے اسی برتاؤ کے سبب آزادی کے بعد ہوش سنبھالنے والی کوئی بھی نسل اردو زبان اور اردو صحافت کے اس تاریخی رول سے بالکل ہی ناواقف ہے جو کہ ملک کو آزادی دلانے کے لئے اردو صحافیوں اور اردو جرنلزم نے ادا کیا تھا۔ یہ ایک تاریخی حقیقت ہے کہ ملک کی آزادی کے لئے اگر کسی صحافی نے سب سے پہلے جام شہادت نوش کیا تھا تو وہ انگریزی یا ہندی کا نہیں بلکہ اردو اخبار کے ایڈیٹر تھے۔

جن کا نام مولوی محمد باقر تھا۔ جنہوں نے بہ حیثیت مدیر دہلی اردو اخبار کے ذریعے جدوجہد آزادی کی تحریک کو فروغ دیا۔ اور انگریزوں کے مظالم کا شکار ہو کر اپنی جان آفرین پیش کی۔ اور اردو کے پہلے شہید صحافی کہلائے۔ تاریخ سے لاعلمی کا یہ نتیجہ ہے کہ آج ہم اردو اخبار کے مقابلے اس بات میں فخر محسوس کرتے ہیں کہ اپنے ہاتھوں میں انگریزی کا کوئی اخبار ہو۔ اور ہم اپنے ذہنوں کو بھی انگریزی یا کسی اور زبان کے اخبار کی خبروں کے اعتبار سے تیار کرتے ہیں۔ اور اردو اخبار اور اردو صحافت کو اتنی اہمیت نہیں دیتے جیسا کہ اس کا مقام ہے۔

اس صورتحال اور پس منظر کے باجود اکیسویں صدی کے موجودہ دور میں اردو صحافت اردو میڈیم طلبا کے لئے بے شمار مواقع رکھتی ہے۔ قبل اس کے کہ میں اردو صحافت کے مواقع پر مزید روشنی ڈالوں یہ ضروری سمجھتا ہوں کہ اردو صحافت کی موجودہ صورتحال کے متعلق مختصراً بیان کر دوں۔ آج ہمارے ملک ہندوستان میں نامساعد حالات اور ناموافق پالیسیوں کے باوجود اردو صحافت انگریزی اور ہندی کے بعد تیسرے نمبر پر ہے۔ اردو صحافت میں روزنامے ' ہفت روزہ' پندرہ روزہ ماہنامے وغیرہ شامل ہیں۔ صرف پرنٹ (ورقی صحافت) کے زمرے میں ہی نہیں بلکہ جب ہم الیکٹرانک میڈیا (برقی صحافت) کے میدان کا تجزیہ کرتے ہیں تو وہاں پر بھی اردو دیگر کسی بھی ہندوستانی زبان سے پیچھے نہیں۔ خاص کر اکیسویں صدی میں انٹرنیٹ کے پھیلاؤ نے اردو کے دامن کو بھی وسیع کر دیا۔ آج گوگل سرچ انجن میں اردو ٹائپ کر کے ہم تلاش کریں تو ہمیں اردو زبان میں خبریں ہی نہیں دیگر موضوعات جیسے کھیل کود' تفریح' تاریخ' نصابی وغیر نصابی بے شمار موضوعات پر معلوماتی مواد ملے گا۔ دنیا کے تقریباً ۲۰ ممالک جیسے امریکہ 'برطانیہ' جاپان' جرمنی' کویت' ہندوستان و پاکستان و دیگر ممالک سے اردو میں ریڈیو

نشریات پیش ہو رہی ہیں۔ ریڈیو ڈوئچے ویلے کولون،بی بی سی لندن وغیرہ چند نام ہیں۔ ہندوستان میں ٹیلی ویژن کے زمرے میں دوردرشن کے اردو چیانل سے لے کر ای ٹی وی اردو اور مقامی سطح پر دکھائے جانے والے اردو کے بے شمار کیب چینل اس بات کا ثبوت ہیں کہ اردو زبان جاننے والوں کے لئے موجودہ اکیسویں صدی میں مواقع محدود نہیں بلکہ بڑھے ہوئے ہیں۔

اردو میڈیا کا طویل عرصے سے مطالبہ بھی تھا بدلتے ہوئے حالات کے تقاضے بھی تھے جس کے مد نظر مولانا آزاد نیشنل اردو یونیورسٹی نے اپنے قیام کے اندرون ٦ سال اردو میڈیا کی ایک اہم ضرورت "تربیت یافتہ" افرادی قوت کی فراہمی کا بیڑہ اٹھایا۔ اور یوں سال ۲۰۰۴ء میں ماسٹرس ان کمیونیکیشن اینڈ جرنلزم (ایم سی جے) کورس کا شعبہ ترسیل عامہ و ذرائع ابلاغ کے تحت آغاز عمل میں لایا گیا۔ ابتداء سے ہی جرنلزم کے اس پوسٹ گرائجویٹ کورس کی ملک بھر میں مانگ رہی۔ اور اس کورس کی کامیابی کا ایک سب سے بڑا اور اہم ثبوت یہ ہے کہ شعبہ جرنلزم سے فارغ التحصیل تمام بیچس کے طلباء کسی نہ کسی میڈیا گھرانے اور ذرائع ابلاغ کے مختلف اداروں میں برسرکار ہیں۔ یہی نہیں آل انڈیا ریڈیو کے یواوانی اردو سیکشن سے لیکر دوردرشن کے اردو پروگراموں اور نیوز سیکشن کا معاملہ ہو کہ ای ٹی وی اردو یا مقامی کیبل چینلس کے ذمہ دار ہر دو تین ماہ مولانا آزاد نیشنل اردو یونیورسٹی کے شعبہ ترسیل عامہ و صحافت (ماس میڈیا اینڈ جرنلزم) سے رجوع ہوتے ہیں۔ اور مطالبہ کرتے ہیں کہ اس ادارے سے کامیاب طلباء کے لئے ہمارے اداروں میں روزگار کے مواقع ہیں۔ براہ کرم انہیں ہمارے ادارے میں کام کے لئے روانہ کریں۔ مولانا آزاد نیشنل اردو یونیورسٹی کے شعبہ ترسیل عامہ میں داخلہ لینے والے طلبا کے ہجوم کا یہ عالم ہے کہ شعبہ میں جرنلزم کے کورس میں صرف ۳۱ نشستیں ہیں۔ اور داخلے کے

خواہش مند طلبا کی تعداد اس سے کہیں زیادہ رہتی ہے۔ ان خواہش مند امیدواروں کا تعلق صرف ریاست آندھرا پردیش سے ہی نہیں ہوتا بلکہ ملک کے بیشتر علاقوں جیسے جموں و کشمیر، بہار، یوپی، کرناٹک اور کیرالا کے طلباء بھی جرنلزم کورس میں داخلے کے لئے آرہے ہیں۔ ایم سی جے کے دوسالہ کورس کا ڈھانچہ چار سمسٹر پر مشتمل ہے۔ جس کی کل فیس تقریباً۱۲ہزار روپے مقرر ہے۔ لیکن طلبا کو اس کورس کے دوران سب سے بڑی سہولت یہ حاصل ہوتی ہے کہ کورس کی فیس ان پر بوجھ نہیں بنتی۔ اور یونیورسٹی کی جانب سے حاضری کی بنیاد پر ہر طالب علم کو ماہانہ ایک ہزار روپے اسکالرشپ دیتی ہے۔ یوں تعطیلات کو چھوڑ کر دو سال کے دوران فی طالب علم ۲۰ ہزار روپے اسکالرشپ کے طور پر مل جاتے ہیں۔ گذشتہ تین برسوں کے دوران ای ٹی وی اردو نے ایم سی جے کے طلباء کے لئے آن کیمپس ریکروٹمنٹ منعقد کیا۔ جو کہ اس بات کا ثبوت ہے کہ ایم سی جے کورس کی مارکیٹ میں زبردست مانگ ہے۔

صرف ٹیلی ویژن ہی نہیں ریڈیو، اخبارات، رسائل و جرائد انڈین انفارمیشن سروس، پبلک ریلیشن آفیسر، غیر سرکاری تنظیموں، این جی اوز کے علاوہ اشتہارات کے شعبے میں بھی ایم سی جے کامیاب طلبا کے لئے روزگار کے مواقع دستیاب ہیں۔ ابھی سال ۲۰۱۲ء میں کل ہند سطح کے اہلیتی امتحان برائے انڈین انفارمیشن سروس میں مولانا آزاد نیشنل اردو یونیورسٹی سے جرنلزم کا کورس مکمل کرنے والے دو طلباء کا انتخاب عمل میں آیا۔ ایسے ہی شعبہ جرنلزم سے فارغ ایک طالب علم کو جموں و کشمیر کے ضلع کارگل میں ریاستی حکومت کے لئے بہ حیثیت انفارمیشن آفیسر کام کرنے کا موقع ملا۔ اردو میڈیم سے جرنلزم کورس کی کامیابی کا اندازہ اس بات سے لگایا جا سکتا ہے کہ مولانا آزاد نیشنل اردو یونیورسٹی کے شعبہ ترسیل عامہ و صحافت میں داخلے کے لئے ہر سال طلباء کا ہجوم بڑھتا ہی

جارہا ہے۔ کورس میں داخلہ بذریعے اہلیتی امتحان ہوتا ہے۔ ملک بھر میں دہلی‘ سری نگر‘ پٹنہ کے علاوہ حیدرآباد میں واقع مراکز پر یہ امتحان ہوتا ہے۔ جرنلزم کورس میں ترسیل کا تعارف‘ حالات حاضرہ‘ رپورٹنگ و ایڈیٹنگ‘ ترسیلی نظریات‘ میڈیا کی تاریخ‘ ضابطہ اخلاق‘ کمیونیکیشن‘ انگریزی اردو میڈیا‘ صحافتی تراجم‘ اشتہارات‘ تعارف اور نظریات‘ ٹیلی ویژن نیوز پروڈکشن‘ ٹیلی ویژن ایڈیٹنگ‘ ریڈیو رپورٹنگ‘ ٹیلی ویژن رپورٹنگ‘ تعلقات عامہ‘ تعریف و نظریات جیسے مضامین پڑھائے جاتے ہیں۔

اردو یونیورسٹی سے جرنلزم کا کورس کرنے والے طلباء کو دوران تعلیم میڈیا گھرانوں میں عملی تربیت کے لئے انٹرن شپ کے لئے بھیجا جاتا ہے۔ جس کی بدولت طلبا کو زمانہ طالب علمی میں ہی صحافتی اداروں کے انداز کار سے واقفیت حاصل ہو جاتی ہے۔ اس کے لئے ہر مہینے کم از کم چار اکسٹرنل ایکسپرٹ کو جو کہ میڈیا کے مختلف شعبوں میں برسر کار رہتے ہیں طلبا سے تبادلہ خیال کے لئے مدعو کیا جاتا ہے۔ جس سے طلبا کو نظریاتی تعلیم کے علاوہ صحافتی شعبے کے عملی چیالنجس سمجھنے میں مدد ملتی ہے۔ کورس کے دوران طلبا کو پرنٹ میڈیا کی رپورٹنگ کرنے کا موقع فراہم کیا جاتا ہے۔ تجرباتی اخبار (Lab Journal) ”اظہار“ پر کام کرنے کا موقع دیا جاتا ہے۔ الیکٹرانک میڈیا میں تربیت کے لئے ریڈیو پروگرام بنانے اور ٹیلی ویژن پروگراموں کی تیاری کے لئے عملی تربیت کی خاطر ڈاکیو منٹری کی تیاری کا کام کروایا جاتا ہے۔

مولانا آزاد نیشنل اردو یونیورسٹی میں شعبہ ترسیل عامہ و صحافت انٹر نیشنل میڈیا سنٹر سے جڑا ہوا ہے۔ جس میں ایک عصری اسٹوڈیو‘ ملٹی کیمرہ سیٹ اپ سے لے کر آن لائین ایڈیٹنگ جیسی سہولتیں میسر ہیں۔ جس سے طلبا کو کورس کے دوران میں عملی میدان کو سمجھنے اور مشق کرنے کی سہولت ملتی ہے۔ اردو یونیورسٹی سے جرنلزم کا کورس مکمل کرنے

کے بعد یہ ضروری نہیں کہ طالب علم صرف اردو میڈیا کا ہی رخ کرے۔ ایسی کئی مثالیں ہمارے سامنے ہیں جہاں طلبا نے اردو کے علاوہ دیگر زبانوں کے اخبارات ٹیلی ویژن چیانلس نیوز ویب سائٹس میں کام کرنا شروع کیا۔ کیونکہ آج قومی میڈیا کو بھی اس بات کا احساس ہو گیا کہ مسلمان اس ملک میں مسائل سے دوچار ہیں۔ اور ترقی کے سفر میں شامل ہونا چاہتے ہیں۔ جسٹس سچر نے اپنی تحقیقی تجزیاتی رپورٹ میں واضح کر دیا کہ ہندوستان کی بہ حیثیت مجموعی ترقی کے لئے ضروری ہے کہ مسلمان بھی ترقی کے اس سفر میں شامل رہیں۔ میڈیا کو احساس ہو چلا ہے کہ مسلمانوں کے مسائل کو بھی مناسب اہمیت دی جانی چاہئے۔ اس مسلمانوں کے مسائل کی بہتر ترجمانی ایک مسلم کمیونیٹی کا فرد ہی کر سکتا ہے۔ اور آج ہم دیکھتے ہیں کہ سبھی میڈیا گھرانوں اخبارات ٹی وی چیانلس اور ویب پورٹلس پر بھی ہمیں مسلم نام دکھائی دینے لگے ہیں۔ جس اس بات کا ثبوت ہے کہ میڈیا میں اردو والوں اور مسلمانوں کے لئے جگہ ہے۔ چونکہ ملک کی دوسری بڑی اکثریت یعنی مسلمانوں کی مادری زبان اردو ہے اور جو اس زبان سے واقف ہو گا وہی اس قوم کی صحیح ترجمانی کرے گا۔ اس پس منظر میں اردو یونیورسٹی کا جرنلزم کورس اردو طلبا کے لئے ایک نعمت سے کم نہیں۔ امید ہیکہ شہر نظام آباد اور دوسرے علاقوں کے لوگ عصر حاضر کے چیلنجس سے نمٹنے اور اپنے لئے ایک بہتر مستقبل کی تعمیر میں اردو اور صحافت کے ان مواقع سے ضرور استفادہ کریں گے۔ اس کے لئے ضروری ہے کہ طلباء اخبارات کا مطالعہ کریں۔ یونیورسٹیوں کے ویب سائٹ دیکھتے رہیں۔ اور درکار سہولتوں سے استفادہ کریں۔

Urdu Journalism and Job Opportunities.
Essay: Mustafa Ali Sarwari

***

کالجوں میں اردو نصاب: مسائل اور تجاویز
ڈاکٹر شیخ سلیم

دنیا کی تمام زبانوں میں تدریسی نصاب کی بڑی اہمیت ہوتی ہے۔ کیوں کہ اسی کے ذریعے ملک و قوم کے نونہالوں اور نوجوانوں کی ذہنی تربیت ہوتی ہے اور ان کی زندگی کی تشکیل و تکمیل ہوتی ہے۔ تدریسی نصاب کی ترتیب و تیاری میں زبانی و متعلقہ موضوع و مضمون کے ماہرین اور تجربہ کار اساتذہ کی کمیٹی تشکیل دی جاتی ہے۔ جن پر بڑی بھاری ذمہ داری عائد ہوتی ہے۔ اور ان سے عہدہ بر آ ہونا آسان نہیں ہوتا۔ اسکول، جونیر کالج، ڈگری کالج اور یونیورسٹیوں کا تدریسی نصاب در حقیقت حکومت کی پالیسیوں اور ملک و قوم کی تعلیمی پالیسی کا آئینہ دار ہوتا ہے۔

اسکول اور کالج کی سطح پر نصاب کی تیاری میں زبان اور ادب کی تدریسی کتابوں کے نصاب کی تیاری ایک اہم مسئلہ ہوتا ہے۔ اور وہ بھی مادری زبان اور خاص طور سے اردو کے نصاب کی تیاری کا۔ جسے عموماً نہایت آسان سمجھنے کی فاش غلطی کی جاتی ہے۔ والدین سرپرست اور خود طالب علم بھی مادری زبان کو یا تو اہمیت نہیں دیتے یا پھر نہایت آسان سمجھ کر نظر انداز کر دیتے ہیں۔ سوال یہ پیدا ہوتا ہے کہ زبان یعنی جسم کے اہم عضو کے اعتبار سے یہ اظہار کا اہم وسیلہ ہوتی ہے۔ اور زبان بہ حیثیت Language کی حیثیت سے بھی اپنے مافی الضمیر کے اظہار کا ذریعہ ہوتی ہے۔ یہی وجہ ہے کہ Language اور

Tongue دونوں کو ہم زبان ہی کہتے ہیں جو ایک دوسرے کے لئے لازم و ملزوم ہوتے ہیں۔ اور دونوں کا مقصد حق گوئی ہے۔

مادری زبان انسان کی سیرت و شخصیت کی صحیح سمت میں تشکیل کرتی ہے۔ دنیا کی تمام قوموں کا جائزہ لیں تو یہ حقیقیت روز روشن کی طرح عیاں ہوتی ہے کہ ان کے پاس مادری زبان کی حیثیت دوسری زبانوں سے اعلیٰ اور برتر ہے۔ مسلمانوں کی ہندوستان میں عموماً مادری زبان اردو ہی ہوتی ہے۔ اگر چہ کہ عملی طور پر ضروری نہیں دکھائی دیتا کیوں کہ مسلمانوں میں بھی اکثر گھرانوں کی زبان اردو نہیں بلکہ کوئی اور زبان جیسے تلگو، ہندی یا کوئی اور علاقائی زبان ہے۔ اسکول کی سطح پر جن طالب علموں کا ذریعہ تعلیم اردو ہوتا ہے انہیں عموماً زبان اول First Language کے طور پر اردو پڑھانا پڑتا ہے۔ اور جب انٹر میڈیٹ میں پڑھائی کا مرحلہ آتا ہے تو انہیں اردو زبان کو دوسری زبان Secong Language کی حیثیت سے انتخاب کرنا پڑتا ہے۔ تاہم جونیر کالج کی سطح پر طالب علم کو اختیار حاصل ہوتا ہے کہ وہ دوسری زبان کی حیثیت سے کوئی بھی زبان یعنی اردو، عربی ،ہندی، تلگو اور فارسی یہاں تک کہ سنسکرت و فرنچ بھی منتخب کر سکتا ہے۔ مگر جیسا کہ میں نے اوپر ذکر کیا ہے اسکول کی سطح پر جو طالب علم اردو میڈیم سے آتے ہیں وہ اکثر اردو کو دوسری زبان کی حیثیت سے کالج کی سطح پر اختیار کرتے ہیں۔ یہی صورتحال ڈگری سطح پر بھی ہے۔ اس لئے تدریسی نصاب تیار کرنے والے ماہرین کے سامنے یہ نکتہ ہونا چاہئے اور ہوتا بھی ہے۔ اس لئے اردو تدریسی نصاب کو آسان عام فہم اور دلچسپ بنانے کی کوشش کی جاتی ہے تا کہ زبان دوم کے طور پر اختیاری زبان اردو لینے والے دوسری مادری زبان کے طالب علم کو بھی دوسری زبان کی حیثیت سے اردو کا نصاب پڑھنے اور سمجھنے میں دشواری نہ ہو۔

تدریسی نصاب کی ترتیب و تیاری میں عموماً حکومت او بورڈ کی جانب سے کچھ پابندیاں بھی عائد رہتی ہیں۔ جن کی پابجائی یا عمل آوری لازمی ہوتی ہے۔ مثلاً تمام زبانوں کے نصاب کا خاکہ Pattern ایک ہی ہو۔ جس کا خاکہ Blue Print دے دیا جاتا ہے۔ یہ بات بھی درست ہے کہ زبان و ادب کے نصاب کی تیاری میں آزادی بھی ہوتی ہے کہ کمیٹی کے ممبرز اپنی پسند اور دلچسپی کے اسباق و اصناف کو شامل نصاب کر سکیں۔ مگر بہر ضرورت طالب علموں کی ذہنی استعداد اور علمی قابلیت کو ملحوظ رکھتے ہوئے نثری و شعری اسباق و اصناف، قواعد اور ترجمہ نگاری کی عبارت کا انتخاب کیا جاتا ہے۔ اور اس ضمن میں بڑی دقت اور عرق ریزی سے کام لیا جاتا ہے۔ نصاب کی تیاری میں آسان سے مشکل کی جانب والا طریقہ کار استعمال کیا جاتا ہے۔

اردو تدریسی نصاب ادبی اصناف اور تحریروں کے انتخاب پر مشتمل ہوتا ہے۔ اور ادب کے مختلف مخصوص مطالبے اور تقاضے ہوتے ہیں۔ اس لئے تمام ادبی اصناف کا احاطہ تدریسی نصاب میں کرنے کی کوشش کی جاتی ہے۔ ادب کا قدیم اور بنیادی مقصد تفریح و تفنن بہم پہونچانا ہے۔ مگر جب تدریسی نصاب میں اس کی شمولیت ہوتی ہے تو اس امر کا خاص خیال رکھنا پڑتا ہے کہ ان ادبی تحریروں میں کوئی نہ کوئی اصلاحی، اخلاقی، تہذیبی ،معاشرے کی فلاح و بہبود اور حب الوطنی کے ساتھ ساتھ اتحاد اور قومی یکجہتی کا درس ،ترغیب اور پیغام و پہلو ضرور ہو۔ تدریسی نصاب کا کسی بھی طرح کا تعصب سے پاک ہونا لازمی ہے۔ اگر نصاب میں مذہبی، سیاسی، لسانی اور جماعتی تعصب شامل ہو جائے اور یہ تعصب ملک و قوم کے بچوں اور نوجوان طالب علموں کے ذہنوں میں نفرت و نفاق کے بیج بونے کا کام کرے گا جو صرف ملک و قوم کی تباہی و بربادی کی شکل میں ظاہر ہوتا ہے۔ ہندوستان میں آزادی کے بعد یہی سب کچھ ہوا۔ اور ہو رہا ہے جس کا لازمی نتیجہ اتحاد

و یکجہتی کے فقدان کی صورت میں ہمارے سامنے ہے۔ راقم الحروف اسکول، جونیر کالج اور ڈگری کالج کی سطح پر تدریسی نصاب کی تیاری کمیٹی میں مختلف اعتبار سے وابستہ رہا ہے۔ اس لئے اپنے انفرادی تجربے اور مشاہدے کی بناء پر یہ کہنے کے موقف میں ہوں کہ تدریسی نصاب کو آسان بنانے کا ہرگز یہ مطلب نہیں کہ معیار کو نظر انداز کر دیا جائے۔ نصاب میں ادبی معیار کو بحر حال معیاری ہونا چاہئے۔ نصاب میں عموماً تقسیم کا طریقہ کار ہوتا ہے۔ کہ نثری و شعری اصناف و اسباق کے انتخاب قدیم متوسط اور جدید نگارشات پر مبنی ہو تاکہ طالب علم بخوبی تینوں ادوار کے مزاج و معیار، حالات و معاملات اور زبان و الفاظ کی حقیقت سے واقف ہو جائیں۔

جونیر کالج کی سطح پر تدریسی نصاب عموماً ٪۶۰ نثری، شعری و سرسری مطالعے سے متعلق ہو۔ اور ٪۴۰ قواعد سے متعلق ہو۔ تاکہ کم ذہنی و تعلیمی استعداد و قابلیت رکھنے والے طالب علم زیادہ سے زیادہ نمبرات حاصل کرتے ہوئے تعلیمی ترقی کی منزلیں طے کرتے جائیں۔ اور ساتھ ہی جن طالب علموں کی تعلیمی و ذہنی استعداد زیادہ نہ ہو یا ناگزیر وجوہات کی بناء پر پابندی سے کلاسس میں شریک نہ ہوتے ہوں ایسے طالب علم بھی کم از کم فیل یا ناکام ہونے سے بچ جائیں۔ راقم الحروف کی تجویز یہ ہے کہ ڈگری کی سطح پر تدریسی نصاب کی تقسیم بھی اسی نہج پر ہو کیوں کہ آج کل تمام مسابقتی اور اعلیٰ تعلیم کے لئے داخلوں کے امتحانات میں معروضی objective pattern ہی ہوتا ہے۔ سائینسی ترقی اور اختراعات نے موجودہ دور میں تہلکہ مچادیا ہے۔ الیکٹرانک میڈیا انفارمیشن ٹیکنالوجی اور پرنٹ میڈیا نے آج کے عہد کے طالب علموں کو ایک تو کلاسس سے دور کر دیا ہے تو دوسری طرف تحریری مواد کو پڑھ کر اپنی سوجھ بوجھ سے دوبارہ تحریر کرنے کی صلاحیتوں پر کاری ضرب لگائی ہے۔ انٹرنیٹ اور فیس بک نے زبان وادب کو صرف

پڑھنے تک محدود کر دیا ہے۔ اس لئے آج کے دور کے طالب علموں کو پڑھے لکھے کہنے کے بجائے صرف پڑھے ہوئے کہنا زیادہ صحیح لگتا ہے۔ تدریسی نصاب میں ادبی اور اخلاقیات پر مبنی مضامین و اسباق کی کمی نے بے حیائی کو فروغ دے کر شرافت ، ادب و احترام ، اخلاق و تہذیب جیسے اعلیٰ وارفع جذبات انسانی سے دور کر دیا ہے۔ اس کے باجود زبان و ادب کے تدریسی نصاب میں سائینسی موضوع کو شامل کرنے پر زور دیا جاتا ہے۔ جو کسی بھی اعتبار سے سود مند نہیں ہے۔

ڈگری کالجوں اور جونیر کالجوں میں دوسری زبان SL کے علاوہ ماڈرن لینگوتج کے طور پر بھی ہوتی ہے۔ یہ خالص اردو میڈیم طالب علموں کے لئے مختص ہوتی ہے۔ اس لئے ماڈرن لینگوتج کا نصاب نسبتاً مشکل اور وافر ہوتا ہے۔ مگر اس کے طالب علموں کی تعداد بہت کم ہوتی ہے۔ اور اس نصاب کو منتخب کرنے والوں میں روز افزوں انحطاط اور گراوٹ ہورہی ہے۔

ڈگری اور جونیر کالج کی سطح پر تدریسی نصاب میں اگر لازمی طور قواعد اور قواعد میں اصناف و اسباق سے متعلق ہمہ انتخابی multiple choice اور ایک حرفی one wordہو اور ساتھ ہی طویل و مختصر تحریری جوابات کی گنجائش ہو تو دونوں سطحوں پر طالب علموں کو اپنی علمی لیاقت کو بڑھانے کا موقع ملے گا۔ تدریسی نصاب کی تیاری میں عموماً۸ یا٦ اساتذہ کا پیانل ہوتا ہے۔ جونیر کالجوں کی سطح پر ڈگری کے اساتذہ بالخصوص انٹر کے اساتذہ کو شامل کیا جاتا ہے۔ یونیورسٹی کے ماہرین اور پروفیسرز بھی ہوتے ہیں۔ اور اکثر انہیں تدریسی کتاب کا چیف ایڈیٹر یا چیر پرسن مقرر کیا جاتا ہے۔ اور باقی اساتذہ کو ایڈیٹوریل بورڈ میں ممبران کی حیثیت حاصل ہوتی ہے۔ اس کے باجود ہر ایک کو ذمہ داری برابر ہوتی ہے۔۔ آخر میں راقم الحروف ک تجویز یہ ہے کہ یونیورسٹی ، ڈگری اور

جونیر کالج یہاں تک کہ اسکول کی سطح کے تدریسی نصاب کو ہر پانچ سال میں ایک مرتبہ تبدیل کرتے رہنا چاہیے۔ تاکہ زبان وادب کے تازہ اور فرحت بخش اور خوشگوار ہوا کے جھونکے اساتذہ اور طالب علموں کے اذہان اور قلوب کو مسرت سے سرشار کر سکیں۔

Urdu Curriculum in Colleges, Issues and proposals.
Essay: Dr. Shaikh Saleem

***

رگ ویدی تہذیبی تناظر میں اردو کی اصطلاحی معنویت

ڈاکٹر اجے مالوی

اُردو زبان کی زندہ اور دھڑکتی ہوئی جڑ رگ ویدی تہذیب میں موجود ہے۔ اُس کی حقیقی جڑ کی تلاش میں ہم کو ویدک تہذیب کی گہرائیوں اور اُونچائیوں میں مستغرق ہونا پڑے گا۔ لفظ "اُردو" مسلسل سفر کرتا ہوا جو کبھی ہندوی، ریختہ، ہندوستانی اور ہندی وغیرہ ناموں سے جانی جاتی تھی اور آخر میں اپنی اوریجنل شکل اُردو میں موجود ہے۔ انگریزوں نے اس خوبصورت اور حسین زبان کو کیمپ (Camp) کی زبان کہا۔ دراصل اُردو کے معنی لشکر، فوج یا بازار کے نہیں ہیں اور نہ ہی یہ ترکی نژاد لفظ ہے بلکہ "اُردو" خالص ویدک لفظ ہے۔ "اُردو" دو الفاظ "اُر" اور "دُو" کا مجموعہ ہے۔ "اُر" معنی دل اور "دُو" کے معنی جاننا ہے۔ عارف لوگ تمثیلاً دل کو روح اور جان کے لیے استعمال کرتے تھے۔ دراصل "اُردو" کے لفظی معنی یہ ہے کہ روح اور جان کو جاننا یعنی خدا کو جاننا ہے۔ اس طرح یہ کہا جاسکتا ہے کہ خود شناسی خدا شناسی ہے۔ اس کے ایک معنی دل دینا اور دل لینا بھی ہے۔ Love begets love دل دو، دل لو یا محبت دو، محبت لو وغیرہ مراد لیے جا سکتے ہیں۔ اردو (روح کو جاننا) خُدا کو جاننا ہے۔ عرفانِ روح عرفانِ اللہ ہے۔ معرفتِ نفس

معرفتِ روحِ آفاق ہے۔ مجھے اس سلسلے میں جمہوری درویش شاعر نظیرؔ اکبر آبادی کا یہ شعر بے اختیار یاد آ رہا ہے۔

سب کتابوں کے کھل گئے معانی
جب سے دیکھی نظیرؔ دل کی کتاب

ویدک ادب میں "اُر" لفظ سے۔۔۔

اُرن، اُرو، اُروو، اُروہ، اُوروہ، اُرو ریہ، اُرور، اُرو را جتے، اُروشی، اُروشی اِڑ، اُرانہ، اُرا متھیہ، اُرجونپات، اُروارو، اُرویا، اُروی، اُروجما، اُروجیوتی، اُرودھارا، اُرووِیچا اور اُرووِیچھا ۔۔۔ وغیرہ لفظوں کا متعدد جگھوں پر استعمال کیا گیا ہے۔

ویدک لغات، سنسکرت اور ہندی کے مختلف لغات میں ان الفاظ کے لغوی اور لفظی معانی" ہردے، من، امن، دِل، روح، جان، طوانائی، قدرت، اُسعتِ زبان، نور، آتش، ہوا، لوگوں کو زندگی دینے والا آفتاب، آفاق، عظیم الشان، زیادہ، اندھیرا ختم کرنے والا سورج، بصیرت افروزی، منبعِ نور، چشمِ دِل، عظیم الشان ویدک زبان، عظیم الشان دھرتی، کائنات اور رفیع ترین تخلیقیت وغیرہ مراد لی جاتی ہیں۔

ویدک ادب میں " اُر "، "ہردے" اور " من " لفظ اور اس سے مشتق الفاظ کا استعمال جگہ جگہ ملتا ہے۔'اُر' دو طرح کی توانائیوں کا مَنبع نور ہے۔ ایک عشق کی توانائی ہے اور دوسری شاہدانہ شعور آگہی کی توانائی ہے۔ نور کے معنی اشہد آگہی ہے۔ اس ضمن میں جگرؔ مرادآبادی نے کہا ہے۔

اک لفظ محبّت کا ادنیٰ سا فسانہ ہے
سمٹے تو دلِ عاشق پھیلے تو زمانہ ہے

اسی طرح ویدک ادب میں "دا" مصدر سے مشتق۔۔۔

"دَو"، "دُو"، "دَیا" لفظ "دا"، دَے، دَیتے، دداتی، دویوہ، دویہ، دِو، دوا، دَون، دتّے، داتُن، داتر، داشتی، دانتم، داتوے اور دوَو

۔۔۔ وغیرہ لفظوں کا جگہ جگہ استعمال ملتا ہے۔ ویدک لغات، سنسکرت اور ہندی کے مختلف لغات میں ان الفاظ کے لغوی معانی دینا (to give)، جاننا (to know)، قبول کرنا (to accept)، حفاظت (to save)، دینے کے قابل، دینے کے لائق، دینے کے لیے، دیتا ہے، دونوں جہاں یعنی زمین و آسمان، جنّت، عمل اور وجہ، قدرت اور آدمی، دو یعنی دُگنے، دو مختلف خیالات کو اپنے دل میں رکھنے والا یعنی زبان پر کچھ اور دِل میں کچھ اور رکھنے والا وغیرہ مراد لیے جاتے ہیں۔ اس طرح ہم دیکھتے ہیں کہ ویدک ادب میں "دا" مصدر سے مشتق الفاظ کا استعمال جگہ جگہ ملتا ہے۔ مجھے اس سلسلے میں جمہوری درویش شاعر نظیرؔ اکبر آبادی کا یہ شعر بے اختیار یاد آرہا ہے۔

سب کتابوں کے کھل گئے معانی
جب سے دیکھی نظیرؔ دل کی کتاب

انڈو یوروپین آریہ ایران جانے سے قبل تُرکی گئے تھے اور تُرکی زبان و ثقافت بھی انڈو آریائی زبان، ادب اور ثقافت سے بہت زیادہ متاثر ہوئی تھی لیکن ایران میں وہ بعد میں داخل ہوئے اور قدیم ایرانی زبان پہلوی زبان ،ادب اور ثقافت خصوصی طور پر آریائی زبان، ادب اور تہذیب سے بیحد متاثر، متحرّک اور منوّر ہوئی ہے۔ ان کے یہاں بھی روح اور جان کے لیے اُرون (URVAN) لفظ کا استعمال ہوتا ہے۔ اُس کے لیے وہ اشارتاً روح کا پیکر (SOUL IMAGE) کا علامتی مرکّب استعمال کرتے ہیں۔ گو یہ بُنیادی طور پر تجریدی (ABSTRACT) ہے۔ اسی طرح وہ خُدا کے لیے آہُور مزد (AH,URA MAZDA) لفظ کا استعمال کرتے ہیں۔ جو دراصل نخشتمثالی

(ARCH IMAGE) پیکر ہے لیکن بُنیادی طور پر تنزیہی (ABSTRACT) ہے۔ دونوں تہذیبوں کے باہمی تاثر پذیری سے تشبیہی رنگ و آہنگ بھی بڑھتا رہا۔ مثلاً ژند و اوستا کا اُرون (URVAN) رگ وید کے اُر سے مشتق ہے اور آہُور مزد بھی رگ وید کے اُریشور سے مشتق ہے لیکن ان دونوں کے تلفظ میں غالب ایرانی اثر کی وجہ سے تبدیلی آئی ہے اور کہیں کہیں ایرانی اثر کی وجہ سے مفہوم میں بھی تبدیلی آئی ہے اور یہ تبدیلی دونوں جگہ آئی ہے۔ مثلاً رگ وید کا دیو (DEV) ایران میں شیطان کے معنی میں استعمال ہونے لگا اور اوستا کا اَہورا (اَہُور) سام وید اور یجر وید میں اَسُرا (اسُر) میں تبدیل ہو گئے ہیں۔ زمانے کی ایک گردش کے بعد ایران میں ہند یوروپی آریا (INDO EUROPIAN ARYA) اس دور تک ہند ایرانین آریا (INDO IRANIAN ARYA) کہلانے لگے تھے۔ رگ ویدی اندر (INDRA) پہلوی (پارسی) زبان میں انگرا (INGRA) میں تبدیل ہو گیا۔ انگرا کے معنی شیطان کے ہیں۔ پہلوی زبان میں یم زندگی اور انسانیت کا سب سے بڑا اظہاریہ بن گیا۔ جو کہ بعد میں پارسی ادب میں جم میں تبدیل ہو کر جمشید میں بدل گیا ہے۔ جامِ جمشید کا استعمال جدید فارسی ادب سے مستعار اُردو ادب میں بھی استعمال ہونے لگا ہے جب کہ یہ یم لفظ ویدک ادب میں موت کا فرشتہ ہے۔ انڈو ایرانین آریا نے جب ہندوستان کی سرزمین پر قدم رکھا تو اُن کے رشیوں (عارف باللہ) کے دانشی اور بینشی پس منظر میں محولہ بالا روحانی صداقتیں روشن و منوّر تھیں۔ اس مقدّس ذہنی پس منظر میں اُنھوں نے لفظ 'اُردو' کا استعمال کیا تھا۔ جس کا شعوری استعمال وہ پہلوی زبان (پارسی) میں بہت پہلے سے کرتے آرہے تھے۔ ایران جانے سے قبل وہ تُرکستان گئے تھے اور وہ اُردو کو اسی رفیع ترین معنی میں استعمال کرتے تھے اور یہ اُردو لفظ رگ ویدی عہد سے دسویں صدی تک مسلسل بغیر کسی تغیّر کے

استعمال ہوتا رہا ہے اور آج بھی ہو رہا ہے۔

اس قدیم ترین ویدی پس منظر سے اکیسویں صدی کے مابعد جدید تناظر میں نئے عہد کی تخلیقیت تک اُردو کی یہ ہر دلعزیز جوڑنے والی گنگا جمنی روح ہر عالم میں غیر مشروط انسانیت کی ہمیشہ علمبردار تھی، ہے اور رہے گی۔ لہٰذا یہ انصاف کا تقاضہ ہے کہ اُردو اصطلاح کے ضمن میں سوقیانہ لشکر، بازار اور کیمپ کی بگڑی ہوئی اصطلاح قابلِ منسوخ ہے۔ جو تُرکی افواج اُردو کی مسخ شدہ شکل میں استعمال کرتی تھیں اور جس کو سیاسی مصلحت باختگی کے تحت ایسٹ انڈیا کمپنی کے سربراہوں نے شعوری طور پر قبول کیا اور سیاسی مصلحتوں کے تحت نہایت بدنیتی سے شب و روز تبلیغ کی لیکن یہ بے رحم سچّائی ہے کہ ہندوستان میں ہند ایرانی آریا (INDO IRANIAN ARYA) آہستہ آہستہ ہند آریائی آریا (INDO ARYAN ARYA) کہلانے لگے، گو کہ یہ ہند آریائی آریا پورے ہندوستان میں اپنے غالب تہذیبی اور روحانی اثرات کے ساتھ پھیل گئے لیکن خصوصی طور پر یہ لاہور پر کئی صدیوں تک چھائے رہے لیکن جب لاہور پر مسلمانوں کی حکومت قائم ہو گئی۔ مسلم تہذیب و ثقافت کے اثرات کے باوجود بھی ہند آریائی اثرات غالب رہے۔ لہٰذا عربی اور فارسی کے بجائے پنجابی زبان کے اثرات اُردو زبان پر حاوی رہے کیوں کہ پنجابی اور اُردو کی بنیادی قواعد یکساں ہے۔

دسویں صدی میں لاہور کی شاہی اور سرکاری زبان ابتدائی پنجابی زبان تھی۔ جس سے گھُل مِل کر رگ ویدی اُردو اپنے مخصوص اور منفرد ہند آریائی تہذیبی اور روحانی حسن اور معنویت کے ساتھ آہستہ آہستہ پھلتی پھولتی رہی اور اب یہی مشترکہ گنگا جمنی زبان اُردو اکیسویں صدی میں اپنی لسانی اور ثقافتی معراج پر پہنچ گئی ہے۔ یہ ہند اُردوئی ثقافت (INDO URDUIAN CULTURE) کی ویدی گہرائیوں اور اونچائیوں

کی امین ہے۔ ویدک تہذیب کی عطا کردہ یہ اصطلاح اُردو آج بھی مشترکہ ہندوستانی زبان و تہذیب کا ہمہ رخی روشنی کا مینار ہے۔ یہ اُردو زبان کمالِ محبّت اور کمالِ بصیرت کا آئینہ خانہ ہے۔ دسویں صدی کے بعد پیدا تمام اہم جدید ہندوستانی زبانوں کا باہم موازنہ کرتے ہوئے پروفیسر گوپی چند نارنگ خصوصی طور پر اُردو زبان کو تمام ہندوستانی زبانوں کا تاج محل کہتے ہیں۔

دھلی میں آنے سے پہلے تقریباً دو سو برس تک مسلمان پنجاب میں رہے۔ وہاں کی تہذیب و روایت اور بول چال کی زبان کو اپنی زندگی کا نہایت فطری طور پر زندہ اور دھڑکتا ہوا حصّہ بنایا۔ صوبۂ پنجاب کی زبان پنجابی تھی اور مسلمانوں کے پنجاب میں آمد کے بعد وہاں کی بولی میں نہایت سرعت سے تبدیلی آنا شروع ہو گئی اور مسلمان جب پنجاب سے دہلی اور الہ آباد تک گئے تو اپنے ساتھ وہ قدیم اُردو زبان کو بھی ساتھ میں اپنی ہجرت کے وقت لے گئے تھے۔ اسی خیال کا اظہار حافظ محمود خاں شیرانی، شیر علی سرخوشؔ، جارج گریرسن، ڈاکٹر سنیتی کُمار چٹرجی اور ڈاکٹر محی الدین قادری زورؔ پہلے ہی کر چکے ہیں۔ ان محققین نے اپنے تحقیقی اور مدلّل افکار کے وسیلے سے اس خورشید نیم روزی حقیقت کو مکمّل طور پر ثابت کر دیا ہے کہ اُردو زبان میں پنجابی پن موجود ہے۔ جب مسلمان لاہور سے دھلی اور دھلی سے الہ آباد تک شمالی ہندوستان میں مسلمان پھیل گئے اور اپنے ساتھ جو زبان ساتھ لے کر کے گئے وہی اُردو زبان ہے۔ ۱۹۲۶ء میں ڈاکٹر سنیتی کُمار چٹرجی نے اپنی مایہ ناز لسانی کارنامہ "بنگالی زبان کا آغاز وارتقاء (THE ORIGIN AND DEVELOPMENT OF THE BENGAL) کے جلد اوّل کے مقدمہ میں اپنے خیالات کا اظہار کیا ہے کہ نواحِ دھلی کی موجودہ بولیوں کی شناخت مسلمانوں کے داخلۂ دھلی کے وقت تک نہیں ہوئی تھی اور لاہور سے الہ آباد تک تقریباً

ایک ہی قسم کی زبان کا چلن عام تھا۔ ٹی۔ گراہم بیلی نے بھی اس سلسے میں ان محولہ بالا حقائق کی مزید تصدیق و توثیق اے ہسٹری آف دی اُردو لٹریچر میں کی ہے۔ وہ لکھتے ہیں:

"اُردو ۱۰۲۷ء کے لگ بھگ لاہور میں پیدا ہوئی۔ قدیم پنجابی اس کی ماں ہے اور قدیم کھڑی بولی سوتیلی ماں۔ برج سے براہ راست اس کا کوئی رشتہ نہیں۔ مسلمان سپاہیوں نے پنجابی کے اس روپ کو جو اُن دنوں دہلی کی قدیم کھڑی بولی سے زیادہ مختلف نہ تھا۔ اس کو اختیار کیا اور اس میں فارسی الفاظ اور فقرے شامل کر دیے۔"

اس طرح یہ کہا جاسکتا ہے کہ ہندوستان کی تمام جدید زبانیں مختلف لسانی تبدیلیوں کے ساتھ دسویں صدی میں وجود میں آئیں لیکن ویدک ادب میں استعمال کردہ لفظ اُردو اور امن (ماورائے دماغ آشتی اور اسلام کے معنی میں) متواتر اکیسویں صدی تک ہو بہو استعمال ہو رہے ہیں اور خصوصاً اُردو کی یہ مقدّس ویدی اصطلاح اکیسویں صدی کے عالمی، قومی اور مقامی پسِ منظر میں حقیقی معنوں میں بین الاقوامی محبوبیت اور مقبولیت کی امین ہو گئی ہے۔ آج پوری دُنیا سمٹ کر عالمی گاؤں میں تبدیل ہو چکی ہے اور مشترکہ ہندوستانی تہذیب کا خورشید نشان اُردو عالمی گاؤں کا جیتا، جاگتا اور جگمگاتا ہوا عالمی نشانِ امتیاز بن چکا ہے۔

Urdu terms in Rig Vedic cultural context. Essay: Ajai Malviya

***

اردو زبان کے چند اہم قواعد و تعریفات

حمد:
نظم جس میں اللہ کی تعریف ہو

نعت:
رسول اکرم (صلی اللہ علیہ وسلم) کی تعریفی نظم

قصیدہ / منقبت:
کسی بھی شخصیت کی توصیفی نظم

مثنوی:
چھوٹی بحر کی نظم جسکے ہر شعر کے دونوں مصرعے ہم قافیہ ہوں اور ہر شعر کا قافیہ الگ ہو۔

مرثیہ:
موت پہ اظہارِ رنج کی شاعری کی نظم

غزل:
عورتوں کی شاعری عشق، حسن و جمال و ہجر و فراق پہ شاعری

نظم:

ایک ہی مضمون والی مربوط شاعری

قطعہ:

بغیر مطلع کے دو یا دو سے زیادہ اشعار جس میں ایک ہی مضمون کا تسلسل ہو

رباعی:

چار مصرعوں کی نظم جسکا پہلا دوسرا اور چوتھا مصرعہ ہم قافیہ ہوں۔

مخمس:

وہ نظم جسکے بند پانچ پانچ مصرعوں کے ہوں

مسدس:

وہ نظم جسکے ہر بند کے چھے مصرے ہوں

داستان:

کہانی کی قدیم قسم

ناول:

مسلسل طویل قصہ جس کا موضوع انسانی زندگی ہو اور کردار متنوع ہوں

افسانہ:

مختصر کہانی

ڈرامہ:

کہانی جسکو اسٹیج پہ کرداروں کی مدد سے پیش کیا جائے

انشائیہ:

ہلکا پھلکا مضمون جس میں زندگی کے کسی موضوع کو لکھا جائے

خاکہ:

کسی شخصیت کی مختصر مگر جامع تصویر کشی

مضمون:

کسی معین موضوع پہ خیالات و محسوسات

آپ بیتی:

خودنوشت و سوانح عمری

سفر نامہ:

سفری واقعات و مشاہدات

مکتوب نگاری:

خط لکھنا

سوانح عمری:

کسی عام یا خاص شخص کی حیات کا بیانیہ بتفصیل------

اسم نکرہ کا مفہوم:

وہ اسم جو غیر معین شخص یا شے (اشخاص یا اشیا) کے معانی دے اسم نکرہ کہلاتا ہے

ـ

یا

وہ اسم جو کسی عام جگہ، شخص یا کسی چیز کے لئے بولا جائے اسم نکرہ کہلاتا ہے اس اسم کو اسم عام بھی کہتے ہیں۔

اسم نکرہ کی اقسام

اسم ذات

اسم حاصل مصدر

اسم حالیہ

اسم فاعل

اسم مفعول

اسم استفہام

(۱)

اسم ذات:

اسم ذات اُس اسم کو کہتے ہیں جس کے ذریعے کسی چیز کی تمیز دوسری چیزوں سے کی جائے۔

یا

وہ اسم جس میں ایک چیز کی حقیقت یا اصلیت کو دوسری چیز سے الگ سمجھا جائے اسم ذات کہلاتا ہے۔

اسم ذات کی مثالیں

۱۔ قلم، دوات ۲۔ صبح، شام ۳۔ ٹیلی فون، میز ۴۔ پروانہ، شمع ۵۔ بکری، گائے ۶۔ پنسل، ربڑ ۷۔ مسجد، کرسی ۸۔ کتاب، کاغذ ۹۔ گھڑی، دیوار ۱۰۔ کمپیوٹر، ٹیلی ویژن وغیرہ

اشعار کی مثالیں

زندگی ہو میرے پروانہ کی صورت یارب علم کی شمع سے ہو مجھ کو محبت یارب

صبح ہوتی ہے شام ہوتی ہے
عمر یوں ہی تمام ہوتی ہے

اسم ذات کی اقسام

ا۔اسم تصغیر ۲۔اسم مکبر ۳۔اسم ظرف ۴۔اسم آلہ ۵۔اسم صوت

ا۔اسم تصغیر (اسم مصغر کا مفہوم)

وہ اسم جس میں کسی نام کی نسبت چھوٹائی کے معنی پائے جائیں اسم تصغیر یا اسم مصغر کہلاتا ہے۔

یا

اسم تصغیر وہ اسم ہے جس میں چھوٹا ہونے کے معنی پائے جائیں تصغیر کے معنی چھوٹا کے ہیں۔

یا

اسم تصغیر وہ اسم ہے جس میں کسی چیز کا چھوٹا ہونا ظاہر ہو۔

اسم تصغیر یا اسم مصغر کی مثالیں

گھر سے گھروندا، بھائی سے بھیا، دُکھ سے دُکھڑا، صندوق سے صندوقچہ، پنکھ سے پنکھڑی، دَر سے دَریچہ وغیرہ

۲۔اسم مکبر

وہ اسم ہے جس میں کسی چیز نسبت بڑائی کے معنی پائے جائیں اسم مکبر کہلاتا ہے۔

یا

اسم مکبر وہ اسم ہے جس میں بڑائی کے معنی پائے جائیں، کبیر کے معنی بڑا کے ہوتے ہیں۔

یا

اسم مکبر اس اسم کو کہتے ہیں جس میں بڑائی کے معنی ظاہر ہوں۔

اسم مکبر کی مثالیں

لاٹھی سے لٹھ، گھڑی سے گھڑیال، چھتری سے چھتر، راہ سے شاہراہ، بات سے بتنگڑ، زور سے شہ زور وغیرہ

۳۔اسم ظرف

اسم ظرف اُس اسم کو کہتے ہیں جو جگہ یا وقت کے معنی دے۔

یا

ظرف کے معنی برتن یا سمائی کے ہوتے ہیں، اسم ظرف وہ اسم ہوتا ہے جو جگہ یا وقت کے معنی دیتا ہے۔

اسم ظرف کی مثالیں

باغ، مسجد، اسکول۔ صبح، شام، آج، کل وغیرہ

اسم ظرف کی اقسام

اسم ظرف کی دو اقسام ہیں

اسم ظرف زماں

اسم ظرف مکاں

ا۔اسم ظرف زماں

اسم ظرف زماں وہ اسم ہوتا ہے جو کسی وقت (زمانے) کو ظاہر کرے

یا

ایسا اسم جو وقت یا زمانے کے معنی دے اسم ظرف زماں کہلاتا ہے۔

اسم ظرف زماں مثالیں

سیکنڈ، منٹ، گھنٹہ، دن، رات، صبح، شام، دوپہر، سہ پہر، ہفتہ، مہینہ، سال، صدی، آج، کل، پرسوں، ترسوں وغیرہ

۳-اسم ظرف مکاں

اسم ظرف مکاں وہ اسم ہے جو جگہ یا مقام کے معنی دے۔

یا

وہ اسم جو کسی جگہ یا مقام کے لئے بولا جائے اُسے اسم ظرف مکاں کہتے ہیں۔

اسم ظرف مکان کی مثالیں

مسجد، مشرق، میدان، منڈی، سکول، زمین، آسمان، مدرسہ، وغیرہ

۴۔ اسم آلہ

اُس اسم کو کہتے ہیں جو کسی آلہ یا ہتھیار کا نام ہو۔

یا

اسم آلہ وہ اسم ہے جو کسی آلہ یا ہتھیار کے لئے بولا جائے۔

یا

اسم آلہ اُس اسم کو کہتے ہیں جو کسی آلہ یا ہتھیار کا نام ہو، آلہ کے معنی اوزار یا ہتھیار کے ہوتے ہیں۔

اسم آلہ کی مثالیں

گھڑی، تلوار، چُھری، خنجر، قلم، توپ، چھلنی وغیرہ

۵۔ اسم صوت

وہ اسم جو کسی انسان، حیوان یا بے جان کی آواز دے اسم صوت کہلاتا ہے۔

یا

اسم صوت وہ اسم ہے جو کسی جاندار یا بے جان کی آواز کو ظاہر کرے۔

یا

ایسا اسم جو کسی جاندار یا بے جان کی آواز کو ظاہر کرے اسم صوت کہلاتا ہے، صوت کے معنی آواز کے ہوتے ہیں۔

اسم صوت کی مثالیں

کُٹ کُٹ مرغی کی آواز، چوں چوں چڑیا کی آواز، غٹر غوں کبوتر کی آواز، ککڑوں کوں مرغے کی آواز، کائیں کائیں کوے کی آواز وغیرہ

(۲)

اسم حاصل مصدر:

ایسا اسم جو مصدر سے بنا ہو اور جس میں مصدر کے معانی پائے جائیں اسم حاصل مصدر کہلاتا ہے۔

یا

وہ اسم جو مصدر نہ ہو لیکن مصدر کے معنی دے حاصل مصدر کہلاتا ہے۔

یا

وہ اسم جس میں مصدر کے معانی پائے جائیں یعنی جو مصدر کی کیفیت کو ظاہر کرے اسم حاصل مصدر کہلاتا ہے۔

اسم حاصل مصدر کی مثالیں

مثلاً: چہکنا سے چہک، ملنا سے ملاپ، پڑھنا سے پڑھائی، چمکنا سے چمک، گبھرانا سے گبھراہٹ، پکڑنا سے پکڑ، چمکنا سے چمک، سجانا سے سجاوٹ وغیرہ۔

(۳)

اسم حالیہ

اسم حالیہ اُس اسم کو کہتے ہیں جو کسی فائل یا مفعول کی حالت کو ظاہر کرے۔

اسم حالیہ کی مثالیں

ہنستا ہوا، ہنستے ہنستے، روتا ہوا روتے روتے، گاتا ہوا، ٹہلتا ہوا، مچلتا ہوا، دوڑتا ہوا،

(۴)

اسم فاعل

ایسا اسم جو کسی کام کرنے والے کو ظاہر کرے اسم فائل کہلاتا ہے۔

یا

وہ اسم جو کسی کام کرنے والے کی جگہ استعمال ہو اسم فائل کہلاتا ہے۔

یا

وہ اسم جو کسی کام کرنے والے کو ظاہر کرے اور مصدر سے بنے اسم فائل کہلاتا ہے۔

اسم فاعل کی مثالیں

لکھنا سے لکھنے والا، دیکھنا سے دیکھنے والا، سننا سے سننے والا، پڑھنا سے پڑھنے والا، رونا سے رونے والا وغیرہ۔

عربی کے اسم فاعل

اُردو میں عربی کے اسم فاعل استعمال ہوتے ہیں، جو عربی کے وزن پر اتے ہیں۔

عربی کے اسم فاعل کی مثالیں:

عالم (علم والا)، قاتل (قتل کرنے والا)، حاکم (حکم دینے والا) وغیرہ۔

فارسی کے اسم فاعل کی مثالیں

باغبان، ہوا باز، کاریگر، کارساز، پرہیز گار وغیرہ۔

اسم فائل کی اقسام

اسم فائل کی مندرجہ ذیل اقسام ہیں

اسم فاعل مفرد

اسم فائل مرکب

اسم فائل قیاسی

اسم فائل سماعی

ا۔ اسم فائل مفرد

اسم فائل مفرد وہ اسم ہوتا ہے جو لفظِ واحد کی صورت میں ہو لیکن اُس کے معنی ایک سے زیادہ الفاظ پر مشتمل ہوں۔

مثالیں

ڈاکو (ڈاکا ڈالنے والا)، ظالم (ظلم کرنے والا)، چور (چوری کرنے والا)، صابر (صبر کرنے والا)۔ رازق (رزق دینے والا) وغیرہ

۲۔ اسم فائل مرکب

ایسا اسم جو ایک سے زیادہ الفاظ کے مجموعے پر مشتمل ہو اسے اسم فائل مرکب کہتے ہیں۔

مثالیں

جیب کترا، بازی گر، کاریگر، وغیرہ

۳۔ اسم فائل قیاسی

ایسا اسم جو مصدر سے بنے اُسے اسم فائل قیاسی کہتے ہیں۔

مثالیں

کھانا سے کھانے والا، سونا سے سونے والا، آنا سے آنے والا، دوڑنا سے دوڑنے والا

وغیرہ

۴۔اسم فائل سماعی

ایسا اسم فائل جو مصدر سے کسی قاعدے کے مطابق نہ بنا ہو، بلکہ اہلِ زبان سے سننے میں آیا ہو، اُسے اسم فائل سماعی کہتے ہیں۔

مثالیں

شتر بان، فیل بان، گویا، بھکاری، جادو گر، گھسیارا، پیغامبر، وغیرہ

فاعل اور اسم فاعل میں فرق

ا-فاعل

فاعل ہمیشہ جامد اور کسی کام کرنے والے کا نام ہوتا ہے

مثالیں

حامد نے اخبار پڑھا، عرفان نے خط لکھا امجد نے کھانا کھایا، اِن جملوں میں حامد، عرفان اور امجد فاعل ہیں۔

۲-اسم فاعل

اسم فاعل ہمیشہ یا تو مصدر سے بنا ہوتا ہے۔

مثالیں

لکھنا سے لکھنے والا، پڑھنا سے پڑھنے والا، کھانا سے کھانے والا، سونا سے سونے والا یا پھر اس کے ساتھ کوئی فاعلی علامت پائی جاتی ہے۔ مثلاً پہر ادار، باغبان، کارساز، وغیرہ

(۵)

اسم مفعول

ایسا اسم جو اُس شخص یا چیز کو ظاہر کرے جس پر کوئی فعل (کام) واقع ہوا ہو اسم

مفعول کہلاتا ہے۔

یا

جو اسم کسی شخص، چیز یا جگہ کی طرف اشارہ کرے جس پر کوئی فعل یعنی کام واقع ہوا ہو اُسے اسم مفعول کہا جاتا ہے۔

اسم مفعول کی مثالیں

دیکھنا سے دیکھا ہوا، سونا سے سویا ہوا، رونا سے رویا ہوا، جاگنا سے جاگا ہوا، پڑھنا سے پڑھا ہوا، سُننا سے سُنا ہوا، وغیرہ۔

اللہ مظلوم کی مدد کرتا ہے، وقت پر بویا گیا بیج آخر پھل دیتا ہے، رکھی ہوئی چیز کام آجاتی ہے، اِن جملوں میں مظلوم، بویا ہوا، رکھی ہوئی اسم مفعول ہیں۔

عربی کے اسم مفعول

عربی میں جو الفاظ مفعول کے وزن پر آتے ہیں، اسم مفعول کے طور پر استعمال ہوتے ہیں۔

مثالیں

مظلوم، مقتول، مخلوق، مقروض، مدفون وغیرہ

اسم مفعول کی اقسام

اسم مفعول کی دو اقسام ہیں

اسم مفعول قیاسی

اسم مفعول سماعی

ا۔ اسم مفعول قیاسی

ایسا اسم جو قاعدے کے مطابق مصدر سے بنا ہو اسم مفعول قیاسی کہلاتا ہے۔

یا

ایسا اسم جو مقررہ قاعدے کے مطابق بنایا جائے اُسے اسم مفعول قیاسی کہتے ہیں اور اِس اسم کے بنانے کا طریقہ یہ ہے کہ ماضی مطلق کے بعد لفظ "ہوا" بڑھا لیتے ہیں۔

مثالیں

کھانا سے کھایا ہوا، سونا سے سویا ہوا، جاگنا سے جاگا ہوا، رکھنا سے رکھا ہوا، پڑھنا سے پڑھا ہوا، وغیرہ

۲۔ اسم مفعول سماعی

ایسا اسم جو مصدر سے کسی قاعدے کے مطابق نہ بنے بلکہ اہلِ زبان سے سننے میں آیا ہو اُسے اسم مفعول سماعی کہتے ہیں۔ سماعی کے معنی سنا ہوا کے ہوتے ہیں۔ یا

ایسا اسم جو کسی قاعدے کے مطابق نہ بنا ہو بلکہ جس طرح اہلِ زبان سے سنا ہو اسی طرح استعمال ہو اسے اسم مفعول سماعی کہتے ہیں۔

مثالیں

دِل جلا، دُم کٹا، بیاہتا، مظلوم، وغیرہ

فارسی کے اسم مفعول سماعی

دیدہ (دیکھا ہوا)، شنیدہ (سنا ہوا)، آموختہ (سیکھا ہوا) وغیرہ

عربی کے اسم مفعول سماعی

مفعول کے وزن پر، مقتول، مظلوم، مکتوب، محکوم، مخلوق وغیرہ

مفعول اور اسم مفعول میں فرق

ا۔ مفعول

مفعول ہمیشہ جامد ہوتا ہے اور اُس چیز کا نام ہوتا ہے جس پر کوئی فعل (کام) واقع ہوا ہو۔

مثالیں

عرفان نے اخبار پڑھا، فصیح نے خط لکھا، ثاقب نے کتاب پڑھی، اِن جملوں میں اخبار، خط اور کتاب مفعول ہیں۔

۲-اسم مفعول

اسم مفعول ہمیشہ قاعدے کے مطابق مصدر سے بنا ہوتا ہے۔

مثالیں

سونا سے سویا ہوا، کھانا سے کھایا ہوا، پڑھنا سے پڑھا ہوا وغیرہ،

عربی میں مفعول کے وزن پر آتا ہے: مظلوم، مخلوق، مکتوب وغیرہ،

یا پھر

فارسی مصدر سے بنتا ہے جیسے شنیدن سے شنیدہ، آموختن سے آموختہ وغیرہ

(٦)

اسم استفہام

اسم استفہام اُس اسم کو کہتے ہیں جس میں کچھ سوال کرنے یا معلوم کرنے کے معنی پائے جائیں۔

اسم استفہام کی مثالیں

کون، کب، کہاں کیسے، کیوں، وغیرہ۔

Some definitions of Urdu grammar.

***

اردو، کمپیوٹر اور انٹرنیٹ

اعجاز عبید

ان اردو ادیبوں کو- چاہے ان کا تعلق جدیدیت سے ہو یا ما بعد جدیدیت سے، میں جدید ادیب ماننے سے انکار کرتا ہوں جن کو کمپیوٹر سے ذرا بھی تعلق نہیں رہا ہو۔ آج کا ادیب اکثر اپنے مضامین اردو سافٹ ویر ان پیج یا صفحہ ساز میں ٹائپ کروا کے پرنٹ لے کر رسائل کو بھیجتا ہی ہے، وہ زمانہ تو اب چلا ہی گیا ہے کہ ہاتھ سے لکھیں اور کئی کاپیاں بنائیں۔ اب تو کمپیوٹر کا دور دورہ ہے۔ اور اگر اس دور میں بھی کوئی اس حقیقت سے انکار کرے تو مجھے اس کی اردو دوستی پر شک ہے۔ صفحہ ساز اور ان پیج کا یہ احسان تو ماننا ہی پڑے گا کہ اس نے اردو کو کمپیوٹر اور انٹرنیٹ کی دنیا سے جوڑ دیا ہے۔ لیکن اب، جب کہ اکیسویں صدی کی پہلی دہائی ختم ہو رہی ہے، اب کسی مخصوص سافٹ وئر کو استعمال کرنا در اصل اردو کے ساتھ دشمنی ہے، یہ میرا ذاتی خیال ہے۔ مجھ کو تو کبھی کبھی یہ شک ہوتا ہے کہ اس دور میں ان پیج اردو کی ترقی میں رکاوٹ کر رہا ہے، کم از کم انٹرنیٹ کی حد تک۔ یہ تو درست ہے کہ اب تک اردو نستعلیق کو سپورٹ support کرنے والا مقبول ڈی ٹی پی (desk-top publishing) پیکیج سامنے نہیں آیا ہے، (اگر چہ مائکرو سافٹ پبلشر اردو کو مکمل سپورٹ کرتا ہے اور لینکس پر کار گر 'سکرائبس' (Scribus) بھی، لیکن ان کی مقبولیت کورل ڈرا، اڈوبی السٹریٹر اور پیج میکر جیسی نہیں جو عام طور پر پبلشنگ میں کام

آتے ہیں۔) لیکن انٹرنیٹ اور عام استعمال کے لئے اب بھی ان پیج یا کسی اور سافٹ وئر کا استعمال کرنا یقیناً اردو کی ترقی کی راہ میں رکاوٹ ہے۔ خاص کر اب نومبر، دسمبر ۲۰۰۸ میں علوی اور جمیل نستعلیق خطوط کے اجراء کے بعد۔ یہ نہیں کہ نستعلیق فانٹ اس سے پہلے نہیں تھے، نفیس نستعلیق، فجر نوری نستعلیق، سی ڈیک (C-Dac) کا نبیل نستعلیق، یہ سب قابلِ استعمال تھے۔ لیکن ان میں بنائی جانے والی دستاویزیں بھی سست رفتاری سے کام کرتی تھیں کمپیوٹر پر۔ انٹرنیٹ کی تو بات ہی چھوڑیئے۔ جب میں نے اپنے جریدے 'سمت' کا پہلا شمارہ اس فانٹ میں رکھا تھا، تو بہت سے لوگوں کا کمپیوٹر ہی 'کریش' ہو گیا!! بعد میں میں نے اسے نسخ اور 'ایجادِ بندہ' نستق' (نسخ اور نستعلیق کا مرکب، اگرچہ لفظ نستعلیق ہی نسخ اور تعلیق سے مل کر بنا ہے) فانٹ میں پیش کیا، اور اب علوی نستعلیق اور جمیل نستعلیق فانٹس کے اجراء کے بعد جنوری ۲۰۰۹ کے شمارے سے نستعلیق میں نکل رہا ہے۔

اور اب اپریل مئی ۲۰۰۹ تک اکثر بڑی بڑی ویب سائٹس جیسے وائس آف امریکہ، پاکستان کا اخبار جنگ وغیرہ بھی نستعلیق میں ہو گئی ہیں، بس یہ ضروری ہے کہ آپ کے سسٹم میں وہ فانٹ انسٹالڈ ہو اگر آپ کو نستعلیق میں ہی وہ ویب سائٹ دیکھنی ہو تو!۔ ورنہ یہ سب اردو کی ویب سائٹس نسخ میں ہی نظر آئیں گی۔ عربی نما نسخ دراصل ٹائمز نیو رومن یا ایریل فانٹ ہوتا ہے جو آپ کا براؤزر (انٹرنیٹ پر ویب صفحات دکھانے والا سافٹ وئر، جیسے انٹرنیٹ اکسپلورر، فائر فاکس، گوگل کروم یا اوپیرا وغیرہ) متعینہ (Default) طریقے سے دکھا دیتا ہے، اور اس میں بھی اگر آپ کا آپریٹنگ سسٹم یا براؤزر اگر پرانا ہے اور اپ گریڈ نہیں کیا گیا ہے، تو ممکن ہے کہ آپ کو اردو پڑھنے میں دقت پیش آئے۔ جگہ جگہ ے، ٹ، ہ وغیرہ کی جگہ ڈبے نظر آئیں۔

آپ کہیں گے کہ نوری نستعلیق فانٹ تو ہے، یہ دراصل ان پیج کا فانٹ ہے جو در

اصل لاطینی (لیٹن سکرپٹ) کا ہی فانٹ ہے، اس میں انگریزی حروف کی جگہ یہ نظم کیا گیا ہے کہ آپ مثلاً H ٹائپ کریں تو یہ 'ح' میں بدل دے، کہ اس حرف کے ساتھ اس فانٹ میں 'ح' کی شکل جڑی ہوئی ہے، لیکن اصل میں کمپیوٹر اس کو H کے طور پر ہی شناخت کرتا ہے۔ دراصل ہم فانٹ سے زیادہ زبان کو اہمیت دینا چاہتے ہیں، کہ وہ زبان جس کو کمپیوٹر بھی اردو زبان کے طور پر پہچانے، آپ ان پیج سے متن کاپی کریں اوت نوٹ پیڈ میں یا اپنے ای میل میں پیسٹ کر کے دیکھیں، انگریزی کے 'جنک کیریکٹرس' آتے ہیں یا نہیں۔ جب کہ اگر آپ کا کمپیوٹر بھی اردو کو بطور زبان پہچان سکے، یہ صرف یونی کوڈ میں ممکن ہے۔ لیکن ہم ذرا کچھ آگے بڑھ گئے، پیچھے چل کے شروع سے سمجھائیں۔

مختصر یہ کہ اردو دو طریقوں سے ممکن ہے، ایک تو اردو کے سافٹ وئر کہلوانے والے سافٹ وئر کے ذریعے، جیسے ان پیج۔ اور دوسرے اردو زبان جس کی شناخت اردو زبان کے طور پر ہی کمپیوٹر خود پہچان سکے۔ اب یہ فیصلہ آپ کے ہاتھ میں ہے کہ آپ اردو کی ترقی کس صورت میں پسند کرتے ہیں۔ ایک مخصوص سافٹ وئر کے ذریعے، یا اس طریقے سے جس میں کمپیوٹر آپ کی اردو زبان پہچان سکے۔ ظاہر ہے آپ بھی کہیں گے کہ اردو کو زبان کے طور پر پہچاننا بہتر ہے۔

اب یہاں دو باتیں یاد رکھنے کی ہیں۔ کمپیوٹر کے طور پر یہ دونوں چیزیں الگ الگ ہیں۔ زبان اور خط۔ زبان کی اردو کے طور پر پہچان بارہ تیرہ سال سے ممکن ہے (جی ہاں، یونی کوڈ کا پہلا ورژن ۱۹۹۶ میں ریلیز ہوا تھا، اردو کی مکمل سپورٹ بھی ۱۹۹۹ بھی شامل ہو گئی، اور ونڈوز ۲۰۰۰ پہلا آپریٹنگ سسٹم تھا جس میں اردو کی سپورٹ رکھی گئی تھی، یونی کوڈ ایسا کیریکٹر کوڈ ہے جس میں ہر زبان شامل ہے۔)، لیکن نستعلیق اب جا کر قابلِ استعمال ہوا ہے۔ یہی دوسرا پہلو ہے، یعنی اردو خط۔ کہ اگر آپ نستعلیق کو ہی اردو سمجھیں

اور نسخ کو اردو ماننے سے انکار کر دیں (حالانکہ ہر لحاظ سے وہ بھی اردو ہی ہے، کمپیوٹر اردو زبان کے طور پر ہی پہچانتا ہے اسے)، تو اردو خطوط انسٹال کرنے کی ضرورت ہو گی۔ بہت ممکن ہے کہ قریب ہی وہ دن آئے کہ آپ اردو زبان منتخب کریں، اور نستعلیق فانٹ اپنے آپ سامنے آ جائے۔ فی الحال تو یہی دور ہے کہ نستعلیق فانٹ (خطوط) آپ کو الگ سے اضافہ کرنے ہوں گے۔ کم از کم ونڈوز میں۔ اردو سلیکس آپریٹنگ سسٹم میں علوی نستعلیق میں ہی سب کچھ نظر آتا ہے، ڈیسک ٹاپ، وغیرہ سب کچھ۔ اس کا ذکر بعد میں۔ لیکن یہ فی الحال صرف ایک بار کرنا ہو گا، مثلاً ایک بار آپ عموی نستعلیق یا جمیل نستعلیق فانٹ ڈاؤن لوڈ کر لیں، تو ان فانٹسکی ہر سائٹ آپ کو نستعلیق میں ہی دکھائی دے گی۔

اب آیئے انٹرنیٹ کی طرف۔ اردو کی ویب سائٹس کہلانے والی ویب سائٹس دو اقسام کی ہیں، ایک تصویری اردو کی، دوسری تحریری اردو کی۔ تصویری اردو کی ویب سائٹ کو میں اردو زبان کی ویب سائٹ نہیں مانتا۔ یہ ویب سائٹس ان پیج میں ٹائپ کر کے اس کے ہر صفحے کو تصویری شکل میں امپورٹ کر کے بنائی جاتی ہیں۔ یوں یہ پڑھنے میں تو آ جاتی ہیں، لیکن اس میں ذیل کی مشکلات ہیں:

۱۔ تصویری شکل کی ہونے کی وجہ سے یہ ویب صفحات کافی دیر میں لوڈ ہوتے ہیں

۲۔ اسی وجہ سے اگر آپ کو کسی صفحے سے تھوڑا سا حصہ، مثلاً پوری غزل کا ایک ہی شعر نقل (کاپی) کر کے اپنے کمپیوٹر پر محفوظ کرنا ہے تو آپ نہیں کر سکتے، اور نہ آپ اس طرح اشعار اپنے مضمون میں "کوٹ" " کر سکتے ہیں۔

۳۔ تلاش کے خانے میں بھی تلاش اس کی ہو گی جو آپ ٹائپ کریں گے۔ فرض کیجیے آپ شمیم حنفی کے بارے میں کچھ تلاش کریں، تو دیکھیں کتنے طریقوں سے یہ ممکن ہے:

Shameem Hanafi (1,210)
Shamim Hanafi (774)
Shameem Hanfi (1650)
Shamim Hanfi (2900)

قوسین میں ویب صفحات کی تعداد ہے جو اس تلاش میں بر آمد ہوتے ہیں، اس میں سارے شمیموں اور حنفیوں کا شمار شامل ہے جو چاہے Shameem ہوں یا Shamim، Hanafi ہوں یا Hanfi۔ اس کے بر عکس اردو میں 'شمیم حنفی' لکھ کر تلاش کریں تو کل ملا کر ۱۴۷۰۰ ویب صفحات کا نتیجہ آتا ہے، اور یہ سب کے سب ہمارے شمیم بھائی کے ہی بارے میں ہیں، جس میں ان کا 'جامِ نور' میں شائع مضمون بھی شامل ہے۔ اور یہ سب آج کی تلاش ہے، ۱۲ مئی ۲۰۰۹ کی، آپ کسی اور دن تلاش کریں تو صفحات کی تعداد مزید بڑھنے کے امکانات ہیں۔

حیدر قریشی صاحب کے نام سے تلاش کریں گوگل پر تو کیا ہجے کریں۔ دیکھئے الگ الگ ہجے ٹائپ کرنے سے گوگل کے کیا نتائج بر آمد ہوتے ہیں۔

Hyder Qureshi (19,200)
Hyder Quraishi (840)
Haider Qureshi (34,100)
Haider Quraishi (17,300)

یا

Haidar Qureshi (81,500)

اور ہر بار آپ کو کچھ نہ کچھ نتائج ضرور مل جائیں گے۔ لیکن ان میں بہت کم مواد وہ ہو گا جو آپ واقعی تلاش کرنا چاہتے تھے۔ لیکن اردو میں ایک ہی طریقہ ممکن ہے، بشرطیکہ آپ اردو میں ٹائپ کر سکیں۔ شمیم حنفی یا حیدر قریشی، ٹائپ کریں۔ اگرچہ حیدر قریشی کے نام سے صرف ۲۱۲۰۰ صفحات ملیں گے، لیکن سارے ہمارے حیدر قریشی کے ہی۔ جن کے بارے میں آپ نے تلاش کرنی چاہی تھی۔ ان کے انگریزی ہجوں سے

(اوپر کے پانچوں ممکنات کو انگریزی میں ٹائپ کرنے پر جتنے صفحات کا نتیجہ آتا ہے۔ وہ بریکٹس میں دیا گیا ہے) جن میں سے کارآمد کچھ ہی ہوتے ہیں۔

اب خدا کے فضل سے گوگل تلاش اتنی 'ذہین' ہو گئی ہے کہ میں نے ایک بار 'کابوس' کے لفظ کی تلاش کی، یہ سوچ کر کہ کسی نے شعر میں اسے کیسے برتا ہے، تو کابوس کے ساتھ اس کی تلاش کے نتائج کے طور پر Nightmare کے مواد کی تلاش بھی شامل تھی!!

۴۔ کیوں کہ جو کچھ آپ کے سکرین پر نظر آتا ہے، وہ محض تصویر ہے، اس لئے آپ انٹرنیٹ پر تلاش نہیں کر سکتے۔ مثلاً آپ کو غالب کا نقش فریادی والا شعر یاد نہیں آ رہا ہے۔ اب اگر وہ غزل تصویر کی صورت میں ہے تو آپ کا تلاش والا انٹرنیٹ انجن، جیسے گوگل، ظاہر نہیں کر سکے گا۔ آپ چاہے اردو میں لکھیں یا انگریزی میں۔ لیکن جب آپ اردو میں یہی لفظ لکھ کر تلاش کریں تو گوگل کی تلاش میں پہلی جگہ پر ہی صحیح نتیجہ بر آمد ہو گا۔

اب یہی بات دیکھ لیں۔ میرے اسی مضمون کو آپ کاغذ پر پڑھ رہے ہیں، اس کو تصویری اردو میں تبدیل کر کے سائٹ پر لگا دیا جائے تب بھی اس میں دئے گئے روابط (Links) آپ کو دیکھ کر اپنے براؤزر کی اڈریس بار میں ٹائپ کرنے پڑیں گے۔ اور اگر کہیں ہجے کی غلطی ہو گئی تو آپ ان صفحات تک پہنچ نہیں سکیں گے۔ اب اگر یہی صفحہ تحریری اردو میں ہو گا تو آپ یہاں سے کاپی کر کے اپنے براؤزر کے پتے کے خانے میں پیسٹ کر سکیں گے۔ اس میں غلطی کا احتمال نہیں ہے۔ (بشرطیکہ خود میں نے روابط ٹائپ کرنے میں غلطی نہ کر دی ہو)

یہی نہیں بلکہ اب گوگل بھی اردو میں دستیاب ہے، اپنی زبان کی ترجیحات اردو

منتخب کریں تو گوگل کا اپنا صفحہ بھی آپ اردو میں دیکھ سکتے ہیں۔

ایک عالمی پروجیکٹ ہے جسے وکی پیڈیا کا نام دیا گیا ہے اور جو ایسا آن لائن انسائکلو پیڈیا ہے جس میں آپ خود بھی اضافہ یا تبدیلی کر سکتے ہیں، اس کا بھی اردو چینل دستیاب ہے جسے http://ur.wikipedia.org پر دیکھا جا سکتا ہے۔ یہ بھی اسی یونی کوڈ کے سبب ممکن ہو سکا ہے۔ اسی طرح کا ایک پروجیکٹ اردو وکی اردو ویب پر بھی ہے جسے یہاں دیکھا جا سکتا ہے۔

http://urdulibrary.org

اسی سائٹ پر انگریزی میں کتابوں کی انٹرنیٹ لائبریری کے پروجیکٹ گٹن برگ کی طرح ایک پروجیکٹ شروع کیا گیا ہے۔ کتاب گھر (http://www.kitaabghar.com) پر بھی جہاں پہلے کتابیں ان پیج سے پی ڈی ایف فارمیٹ میں تبدیل کر کے آن لائن دستیاب کی جا رہی تھیں، اب اردو تحریر میں بھی دستیاب ہیں۔

ایک اچھی کوشش اردو ویب کی فورم محفل (http://urduweb.org/mehfil) کی صورت میں ہے جو اردو کی پہلی مکمل یونی کوڈ فورم ہے ۔ اس کو اردو کا مکمل پورٹل بنانے کی کوشش جاری ہے ۔ اسی سائٹ (http://urduweb.org) پر ہی اردو وکی بھی ہے اور اردو سیارہ بھی جس میں اردو کے کئی بلاگس بھی موجود ہیں۔ (بلاگس ذاتی نوعیت کے جرنلس یا ڈائری ہوتی ہے جسے مصنف دوسروں کے ساتھ شئر کرنا چاہتا ہے ۔ اور اب اس میں بھی طرح طرح کے تجربے کئے جا رہے ہیں، مثلاً کچھ جریدے بھی دراصل اس کے بلاگ کی شکل میں شائع کئے جاتے ہیں۔)۔

اردو تحریر کو کمپیوٹر پر لکھنے پڑھنے کی مدد کے لئے اکثر اردو تحریری ویب سائٹس پر امداد بھی مل سکتی ہے۔ بہت سی ایسی فورمس ہیں جو ان لوگوں کو اردو میں تحریر کرنے کے لئے سائٹ پر ہی نوٹ پیڈ مہیا کرتی ہیں جہاں آپ صوتی طور پر (جیسے ایم کی کنجی سے میم اور این کی کنجی سے نون) اردو تحریر ٹائپ کر سکتے ہیں۔ اردو لائف ای میل کی سہولت بھی اسی طرح دیتی ہے۔ اردو لائف، اردو ویب وغیرہ پر ایسی سہولت موجود ہے۔ اردو تحریر کو قابل عمل بنانے کے لئے بھی کچھ فعال گروہ ہیں۔

ایسا ہی ایک بے حد فعال گروہ اس احقر کا یاہو اردو کمپیوٹنگ گروپ (http://groups.yahoo.com/group/urdu_computing) ہے۔ یہاں آپ کو صوتی کی بورڈ اور فانٹس بھی دستیاب ہو سکتے ہیں۔ اسی طرح پاکستان کا مرکز تحقیقات اردو (http://crulp.org) پر بھی ونڈوز اور لینکس کے کلیدی تختے اور فانٹس دستیاب ہیں۔

Urdu, Computer & Internet. Essay: Aijaz Obaid

***

اردو ہے جس کا نام۔۔۔

شاہد الاسلام

اردوزبان کے شیدائیوں کیلئے آج جشن کا دن ہے ؟ہمیں نہیں معلوم مگر ہم نے برسوں سے یہ روایت ضرور دیکھی ہے کہ شاعر مشرق علامہ اقبال کے یوم ولادت کی مناسبت سے اردو برادری اُردو کا مرثیہ ہی نہیں پڑھتی بلکہ اِس کی عظمت اور مقبولت کا خواہ مخواہ ڈنکا بھی بجاتی ہے۔کچھ لوگ یہ کہتے ہیں کہ دراصل یہی وہ دن بھی ہے،جب اردو کے ادیبوں،شاعروں، دانشوروں اور مفکروں کو بزم سجانے اور اردو کی کسمپرسی کا قصہ بیان کرنے کا بہترین موقع دے دیا جاتا ہے۔اگر یہ سچ ہے تو پھر ہمیں ذرا بھی حیرت نہیں ہوگی،اگر ایک بار پھر محبان اردو آج مجمع لگائیں اور حسب روایت اردو کے ماتمی اجلاسوں کے انعقاد کے ذریعہ اردونوازی کا دَم نہ بھریں کیونکہ یہ دن اُن کا ہے!البتہ یہ سوال ضرور کھڑا ہو جاتا ہے کہ "یوم اردو" اردووالوں کی عیاریوں، مکاریوں، فریب کاریوں اور اردو کے تئیں اُن کی تمام تر بداعمالیوں پر پردہ ڈالنے کا ذریعہ ہے یا پھر اردو کے حق میں نعرے بازیوں سے دو قدم آگے بڑھ کر خود احتسابی کا ایک موقع اور عملی دنیا آباد کرنے کا وسیلہ ؟

یوم اردو کے انعقاد کے جواز پر کوئی تبصرہ کئے بغیر ہم یہ ضرور کہنا چاہیں گے کہ اردوزبان بہ حیثیت مجموعی زوال کے دور سے گزررہی ہے اوراس کی دنیا بہ سرعت تمام

محدود ہوتی چلی جارہی ہے۔ 'اُردوادب' اور 'اردوزبان' کی دنیا چونکہ الگ الگ ہے، اس لئے ادب اور زبان کی نشوونما کا عمل بھی الگ الگ انداز میں جاری ہے، جس کے فرق کو سمجھے بغیر گفتگو کے سلسلے کو دراز کیا جانا مناسب نہیں۔ اردوادب اگر عروج کی راہ پر گامزن ہے؟ تو اس سوال کا جواب یقیناً ادیب اور نقاد زیادہ مناسب انداز میں ہی دیں گے لیکن اردوزبان کی صورتحال کیا ہے، اِس سوال کا جواب اردو کا ہر وہ طالب علم دینے کا مجاز کہلاسکتا ہے، جو اس زبان سے واقف ہو اور زبان کے فروغ کی صورتحال کا مشاہد ہو۔ چنانچہ جب ہم اردوزبان کے ایک طالب علم کی نگاہ سے اردوزبان کی نشوونما کو دیکھنے کی کوشش کرتے ہیں تو ادب کے برخلاف 'اردوزبان' اور 'اردوصحافت' زوال کی راہ پر گامزن دکھائی دینے لگ جاتی ہے۔ چنانچہ مشاہدے کی بنیاد پر یہ رائے قائم کرسکتے ہیں کہ اُردوزبان اگر زندہ ہے تو اِس میں فضل خداوندی کا کمال ہے یا پھر اسے اردو کی کرشمہ سازی کا عرفان کہہ لیجئے کہ تمام تر نامساعد حالات کے باوجود یہ زبان سخت جان واقع ہوئی اور اردو کے نمک خواروں کو منہ چڑھانے پر مجبور بھی کہ " دیکھو تمہاری عیاریوں اور مکاریوں کے باوجود ہم زندہ ہیں!۔

ایک زمانہ وہ تھا جب حضرت داغ نے اس زبان کی غیر معمولی مقبولت کا نقشہ کھینچتے ہوئے کہا تھا کہ

اردو ہے جس کا نام ہمیں جانتے ہیں داغ
ہندوستان میں دھوم ہماری زباں کی ہے

اور ایک زمانہ وہ بھی آیا جب اُردو سیاست کی قربان گاہ پر بھینٹ چڑھادی گئی اور نتیجہ یہ سامنے آگیا کہ اردو مذہباً مسلمان بن گئی! یہ صورتحال اُن اردونوازوں کیلئے باعث اذیت بھی بن گئی، جنہوں نے "محبت" کی علامت سمجھ کر اردو کو گلے لگایا ہوا تھا اور جن کا

دین ودھرم یہ تھا کہ زبان کا کوئی مذہب نہیں ہوتا لیکن جب پھر بھی اردو کو مسلمان بنادیا گیا تو صدا امبالوی جیسے شاعر کو یہ کہنے پر مجبور ہونا پڑ گیا کہ

اپنی اردو تو محبت کی زباں تھی پیارے

اب سیاست نے اسے جوڑ دیا مذہب سے

حقیقت یہ نہیں ہے کہ اُردو اب صرف مسلمانوں کی زبان بن گئی، بلکہ تلخ سچائی یہ بھی ہے کہ اُن مسلمانوں نے بھی اُردو زبان کو اپنے گھر سے بے گھر کر دیا ہے جن کے یہاں کبھی اُردو زبان کو سکہ رائج الوقت کا درجہ حاصل تھا۔ کہا جا سکتا ہے کہ وطن عزیز کی تقسیم کے فوراً بعد اردو کیلئے عرصہ حیات تنگ کرنے کی جو شعوری کوشش کی گئی، اُس میں خود ہماری حکومت بھی کہیں نہ کہیں شریک رہی، جس کا واضح ثبوت یہ بھی ہے کہ ملک کی سب سے بڑی ریاست اتر پر دیش میں اردو کی جڑیں کاٹنے کیلئے باضابطہ ایک حکم نامہ جاری کیا گیا، جس کے تحت اردو کی تعلیم کا برسوں پرانا روایتی نظام قصۂ پارینہ بن گیا اور نیتجتاً وہ گہوارۂ علمی جہاں چراغ اردو مسلسل روشن رہا کرتا تھا، خزاں رسیدہ بن گیا۔ اردو بہ حیثیت زبان آج کس حد تک زندہ ہے اوراس کی بارگاہ میں حاضری دینے والے کون لوگ ہیں، یہ تجزیہ کا بہت بڑا موضوع ہے، کیونکہ عمومی طور پر جب ہم صورتحال پر ایک طائرانہ نگاہ دوڑاتے ہیں تو اندازہ یہی ہوتا ہے کہ متوسط طبقہ کی مسلم آبادی سے تعلق رکھنے والی نئی نسل بھی فی زمانہ اردو سے بے گانہ ہو چکی ہے، جبکہ فی زمانہ غیر مسلم اردو آبادی کا اب کہیں کوئی نام ونشان ہے ہی نہیں جہاں اردو بہ حیثیت زبان فروغ پا رہی ہو ۔ایسے ماحول میں جبکہ ما بعد آزادی غیر مسلم اردو والوں نے فرض سے فرار اختیار کیا اور موقع کی نزاکت کو سمجھتے ہوئے اردو کے کاز کو اپنا مسئلہ نہیں سمجھا، یہ سوال بھی کھڑا ہو جانا فطری ہے کہ کیا ہندوستان میں غیر مسلم اردو آبادی کا کہیں کوئی تصور

موجود ہے؟اردو میں آج بھی غیر مسلم قلم کاروں کی موجودگی ہمیں دیکھنے کو مل جاتی ہے، مگر غیر مسلم عوام جو کہ اردو سے متعلق ہو اور جسے ہم "غیر مسلم اردو آبادی" کہہ سکیں، شاید ایسا معاشرہ اب ڈھونڈنے سے بھی ہمیں نہیں مل سکتا کیونکہ یہ ایک بہت بڑی اور کڑوی حقیقت ہے کہ آزادی کے بعد کے تبدیل شدہ منظر نامہ میں غیر مسلم عوام نے اردو زبان سے خود کو اس طرح دور کر لیا کہ عوامی سطح پر اردو زبان مسلم حلقے میں سمٹتی چلی گئی۔ چنانچہ بہ حیثیت زبان اردو اب پسماندہ مسلمانوں کی زبان قرار پا چکی ہے، جس کو بہ ظاہر جھٹلانے کی کوشش ہو رہی ہے۔

'یوم اردو' کا انعقاد اور اِس موقع سے منعقد ہونے والی تقاریب میں اردو زبان کے تحفظ سے متعلق کئے جانے والے قول و قرار کی عملی جہت کیا ہے، یہ بھی قابل غور اور لائق تجزیہ موضوع ہے لیکن اس مسئلہ پر اظہارِ خیال سے قبل ہمیں یہ بھی دیکھنا ہوگا کہ اردو زبان کا عصری منظر نامہ کیا ہے؟ کسی بھی زبان کا تحفظ اور اس کی بقاء اس وقت تک ممکن نہیں، جب تک کہ اس زبان کا تعلیمی نظام چست اور درست نہ ہو۔ جب اس ضمن میں صورتحال کا جائزہ لینے کی کوشش کی جاتی ہے تو مایوسی اور محرومی چہار سو اپنے وجود کا احساس دلاتی ہے۔ آج کے تعلیمی منظر نامہ پر نگاہ دوڑانے اور عصری تعلیم گاہوں پر ایک نگاہ دوڑانے کے بعد یہ حقیقت واضح صورت میں ابھر کر سامنے آجاتی ہے کہ ملک بھر میں پرائمری اور ثانوی سطح پر اردو زبان کا تحفظ ممکن نہیں ہو پا رہا ہے۔ بالفاظ دیگر یہ کہا جا سکتا ہے کہ اردو زبان کی تعلیم کیلئے کوئی ایسا معقول بندوبست نہیں کیا جا سکا ہے، جس سے اردو کے بقاء کی صورت پیدا ہو سکے۔ مثلاً اُن طلباء کیلئے ابتدائی اور ثانوی تعلیم کے شعبوں میں حصول تعلیم کے مواقع موجود نہیں ہیں، جو اردو کو باضابطہ ذریعہ تعلیم بنانے کے خواہشمند ہوں۔ یہاں اُن چند اردو اسکولوں کا تذکرہ نہیں کیا جا رہا ہے، جہاں اردو

ذریعۂ تعلیم کی سہولت دستیاب ہے بلکہ اُن تعلیم گاہوں کا عمومی طور پر تذکرہ کیا جارہاہے، جو ریاستی حکومت کے ذریعہ چلائے جارہے ہیں یا جن کی براہ راست سرپرستی مرکزی حکومت کررہی ہے۔ خصوصاً سنٹرل اسکولوں میں وغیرہ میں اردو کی تعلیم کی گنجائش ہے آیا نہیں، یہ لائق تجزیہ ہے۔

اس پس منظر میں یہ کہاجاسکتاہے کہ پرائمری اور ثانوی سطح پر عمومی منظر نامہ میں اردو کیلیئے کوئی جگہ باقی نہیں رکھی گئی ہے۔ اسے المیہ ہی کہاجاسکتاہے کہ ابتدائی اور ثانوی سطح پر باضابطہ اردو کی جڑیں کاٹ دی گئیں اور ظاہری طور پر اردو والوں کی تسکین کا سامان فراہم کرانے کیلیئے اعلیٰ تعلیمی اداروں میں اردو کی باضابطہ تعلیم کا بندوبست کیا گیا۔ اردو کے روشن خیال طبقہ میں بھلے ہی یہ صورتحال اطمینان بخش قرار پائی لیکن اس مسلمہ سچائی سے انکار یا فرار کی گنجائش نہیں کہ چونکہ ابتدائی اور ثانوی سطح پر اردو کیلیئے کوئی گنجائش باقی نہیں رکھی گئی، اس کی بنا پر اعلیٰ تعلیمی اداروں کے فارغ التحصیل طلبا علمی لحاظ سے اعلیٰ صلاحیت کے مالک بن کر سامنے نہیں آسکے۔ اس کا نتیجہ کچھ یوں سامنے آتا گیا کہ بڑی بڑی ڈگریاں اور اسناد رکھنے کے باوجود اردو کا ایک ایسا خواندہ معاشرہ وجود میں آتا گیا جس کی علمی صلاحیت اور لیاقت پر سنگین نوعیت کے سوالات قائم کئے جاسکتے ہیں لیکن ستم ظریفی یہ بھی رہی کہ آگے چل کر "اردو خواندہ معاشرہ" کی ترجمانی کرنے والے "اہل علم" مختلف یونیورسٹیوں میں پہلے بحیثیت لیکچرار مقرر کئے گئے اور بعد ازاں شعبہ ہائے اردو کے صدور کے طور پر بھی ان کی تقرریاں عمل میں آگئیں۔

اردو کے ممتاز دانشور شمس الرحمن فاروقی کا یہ خیال صد فیصد درست معلوم ہوتا ہے جس میں انہوں نے اس قلق کا اظہار کیا ہے کہ "یونیورسٹی کے اردو شعبوں میں انہی جاہل طالب علموں کی بھرتی بطور استاد شروع ہوئی پھر ان اساتذہ کے شاگردوں کی

کھیپیں تیار ہونا شروع ہوئیں اور جاہل در جاہل کا یہ سلسلہ اب خدا جانے کب رکے۔ یونیورسٹیوں کے اردو شعبوں میں برسرکار اساتذہ جہلا کی چوتھی نسل ہیں۔"

ہوسکتا ہے کہ شمس الرحمن فاروقی کا یہ تلخ تبصرہ اردو کے موجودہ اساتذہ کرام کو ناگوار گزرے لیکن سچ اس حقیقت کی چغلی کھا رہی ہے کہ فی زمانہ مختلف یونیورسٹیوں کے ذریعہ درس و تدریس کے حوالہ سے اردو کی بقا کیلئے جو خدمات انجام دی جا رہی ہیں، وہ سوالات کے گھیرے میں ہے۔ البتہ یہ ضرور کہا جا سکتا ہے کہ جس طرح کوئلوں کے درمیان سے ہیرا تلاش کیا جانا ناممکن نہیں ہوا کرتا ٹھیک اسی طرح یونیورسٹیوں کے فارغ التحصیل طلبا کے درمیان چند ایسے ہونہار اور باکمال دانشور یا اسکالر ضرور سامنے آ رہے ہیں جن کی علمی صلاحیتوں پر آج بھی اردو معاشرہ فخر کر سکتا ہے لیکن ایسے ہونہار اور باکمال فارغین کی تعداد یقیناً آٹے میں نمک کے برابر ہے۔

اردو پر قسطوں میں ستم ڈھایا گیا اور ارباب اقتدار و صاحبان سیاست نے وقتاً فوقتاً اردو کشی کا عملی ثبوت بھی دیا، یہ ایک مسلمہ سچائی تو ہے لیکن اسے مکمل سچ ہرگز نہیں کہا جا سکتا۔ کیونکہ جب ہم اردو معاشرہ کی بے حسی پر ایک طائرانہ نگاہ دوڑاتے ہیں اور آزادی کے بعد کے مختلف ادوار کا جائزہ لیتے ہیں تو یہ حقیقت واضح شکل و صورت میں سامنے آ جاتی ہے کہ اردو کی مٹی پلید کرنے میں خود اردو والے بھی نہایت خلوص کے ساتھ ہاتھ بٹاتے رہے۔ صرف یہ کہہ کر جان چھڑانے کی گنجائش نہیں نکلتی کہ اردو کے تعلق سے ارباب اقتدار یا سیاستدانوں کا رویہ منافقانہ یا دشمنانہ رہا بلکہ اس بات کا تجزیہ بھی کیا جانا ناگزیر معلوم ہوتا ہے کہ اردو کو زندہ درگور کرنے کی جو کوششیں عہد بہ عہد کی جاتی رہیں، ان میں اردو والوں کا رول کیا رہا۔ ظاہری طور پر جو نکتہ ابھر کر سامنے آتا ہے، اس سے اس حقیقت کی قلعی کھل جاتی ہے کہ اردو کا جو طبقہ اشرافیہ کسی زمانہ میں زبان کی

ترویج وترقی کے حوالہ سے ہر اول دستہ میں شمار ہوا کرتا تھا، اس نے تبدیل شدہ منظر نامہ میں نہایت ایمانداری کے ساتھ اس منافقانہ روش پر آگے بڑھنا ضروری سمجھ لیا کہ "اردو کو حصول آمدنی کا ذریعہ تو بنایا جائے لیکن خود اپنے معاشرہ میں بھی اردو کی ترویج وترقی کی کوشش نہ کی جائے"۔ آج کے اردو معاشرہ پر نگاہ دوڑانے کے بعد یہ حقیقت اپنے سیاق وساق کے ساتھ سامنے آجاتی ہے کہ اردو کے وہ اتالیق جو مختلف دانش گاہوں میں شعبۂ اردو کی سرپرستی کا بھی فریضہ انجام دیتے رہے ہیں، خود ان کے بچے اور بچیاں بھی اردو رسم الخط سے ناواقف اور نابلد ہیں۔ فرد خاص پر کسی طرح کی الزام تراشی کے بغیر یہ ضرور کہا جاسکتا ہے کہ اردو کی سربر آوردہ شخصیتوں نے اردو زبان کی ترقی کا معاملہ مفلوک الحال اردو معاشرہ پر پوری طرح چھوڑ دیا اور اس طرح اردو عملاً مسلمانوں کے مفلوک الحال طبقہ کی نمائندہ زبان بن کر رہ گئی۔ آج بھروسہ کے ساتھ یہ کہا جاسکتا ہے کہ اردو کا عصری منظرنامہ اس حقیقت کا گواہ ہے کہ اس وادی کی سیاحی وہی لوگ کر رہے ہیں، جنہیں عرف عام میں ستم رسیدہ طبقہ کہا جاسکتا ہے۔ طبقہ اشرافیہ کی نئی نسل کو اردو سے کوئی سروکار نہیں رہ گیا ہے۔

جہاں تک اردو کو مسلمانوں کی زبان قرار نہ دینے والوں کا تعلق ہے تو بلا خوف تردد یہ بھی کہا جاسکتا ہے کہ آج ہندوستان میں اردو کا عصری منظرنامہ ہمیں یہ کہنے کی اجازت نہیں دیتا کہ یہ عام ہندوستانیوں کی زبان ہے۔ کیونکہ ہم بھروسہ کے ساتھ یہ بھی کہہ سکتے ہیں کہ ابھی کی نئی نسل نے اردو سے اپنا رشتہ پوری طرح منقطع کر رکھا ہے۔ جو چند صاحبان قلم مذہباً مسلمان نہیں ہیں، لیکن جرأت اظہار کا ذریعہ اردو کو بنائے ہوئے ہیں، وہ انگلیوں پر گنے جانے کے لائق ہیں۔ خود ان کے بچے بھی اردو زبان اور رسم الخط سے اسی طرح ناواقف اور نابلد ہیں جس طرح شمالی ہند کے طبقہ اشرافیہ سے تعلق رکھنے والے

مسلم طبقہ کی نئی نسل اردو سے پوری طرح لاعلم ہے۔

ایسے میں یہ سوال فطری طور پر کھڑا ہو جاتا ہے کہ کیا اردو زبان (ادب نہیں) کے مستقل پر منڈلاتے خطرات کا مقابلہ کرنے کی ہم میں صلاحیت ہے ؟اب تک کی کارگزاریوں پر ایک عمومی نگاہ دوڑانے کے بعد یہ کہا جاسکتا ہے کہ اردو والوں کو صرف اور صرف جذباتی تسکین کا سامان تو فراہم کرایا جاتا رہا ہے لیکن اردو زبان کو صحتمند اور توانا بنانے کیلئے اردو والے جو کوششیں کر بھی سکتے تھے،وہ انہوں نے نہیں کئے۔جو لوگ اردو زبان کی تنزلی کے قائل نہیں ہیں،انہیں چاہئے کہ اپنی آنکھوں پر لگی نظریاتی پٹیوں کو کھول کر کربناک صورتحال کا خود مشاہدہ کریں کہ آج جو زبان ہمارے درمیان رواج پارہی ہے،وہ کیسی ہے،املوں کی غلطیاں، صرفی و نحوی قواعد سے انحراف اور زبان کا قیمہ بنانے والی کیفیتیں کس طرح اپنے جلوے دکھارہی ہیں،اُس کی تصویر دیکھنی ہو تو کسی بھی اردو اخبار پر ایک نگاہ دوڑالینا شاید کافی ہو گا کیونکہ عہد حاضر کی زبان کی حقیقی تصویر کشی اردو کے اخبارات سے زیادہ بہتر اور کہیں ہو بھی نہیں سکتی۔ویسے ایک بات یہ ضرور کہی جاسکتی ہے کہ اردو کے مستقبل کے حوالہ سے خواص و عوام دونوں سطح پر اندیشہ ہائے دراز کا جو اظہار کیا جاتا رہا ہے جس پر اردو کے علمبرداروں کو آج ذرا ٹھہر کر سنجیدگی کے ساتھ غور کرنے کی ضرورت ہے۔شاعر نے خوب کہا ہے ۔

میری اللہ سے بس اتنی دعا ہے راشد
میں جو اردو میں وصیت لکھوں بیٹا پڑھ لے

Thou which name is Urdu. Essay: Shahidul Islam

***

اردو او۔ سی۔ آر: بصری حرف شناس

مکرم نیاز

بصری حرف شناسی۔ تعریف

او۔ سی۔ آر (OCR) بمعنی optical character recognition یعنی بصری حرف شناسی یا آسان الفاظ میں متن کی بصری شناخت دراصل وہ الکٹرانک یا میکانیکی طریقہ کار ہے جس کے ذریعے تصویر میں موجود قابل مطالعہ متن کو کمپیوٹر کی تحریری شکل میں محفوظ کیا جاتا ہے۔ اب چاہے یہ متن کسی کتاب کے صفحہ پر مبنی امیج میں ہو، یا اسکین شدہ دستاویز میں، یا قدرتی منظر والی تصویر میں، یا سائن بورڈ کی تصویر میں یا ٹیلیوژن نشریہ کی تصویر میں موجود کیپشن کی شکل میں ہو۔

تصویر میں موجود متن کو تحریری شکل میں اخذ کر کے ٹکسٹ فائل بنانے سے کئی بنیادی فوائد حاصل کیے جاسکتے ہیں۔ مثلاً:

* تصویری فائل کی بہ نسبت ٹکسٹ فائل کا حجم کئی گنا کم ہوتا ہے۔
* ٹکسٹ فائل میں لفظ / فقرہ کی تلاش ممکن اور آسان ہوتی ہے۔
* ٹکسٹ کی حسب ضرورت تدوین و ترمیم کی جاسکتی ہے یعنی ردوبدل واضافہ۔
* مختلف اپلیکیشن (اطلاقیے) کے ذریعے ٹکسٹ کا فوری ترجمہ، اس کے رسم الخط کی تبدیلی اور اسے آواز میں تبدیل کرنے کا کام بسہولت انجام دیا جاسکتا ہے۔

بصری حرف شناسی، امیج پراسیسنگ، مصنوعی ذہانتartificial intelligence اور کمپیوٹر وژنcomputer vision کے میدان میں ترقی کا وہ باب ہے جسے موجودہ برقیاتی زمانے میں طبع شدہ ریکارڈ سے ٹکسٹ مواد کے حصول کی خاطر وسیع پیمانے پر استعمال کیا جا رہا ہے چاہے وہ معاملہ پاسپورٹ دستاویزات کا ہو، یا بنک کے کھاتہ جات کا، چاہے کاروباری کمپیوٹرائزڈ رسیدیں ہوں یا سرکاری و غیر سرکاری شناختی کارڈز سے ٹکسٹ کے حصول کا معاملہ ہو۔

ویکیپیڈیا کے بموجب بصری حرف شناسی نظام کی کامیابی کا دارومدار کسی بھی طرح کے حرف کی شبیہہ کو پہچان کر اس کو متن میں تبدیل کرنے پر منحصر رہا ہے، اور اس نظام کے ابتدائی ورژن میں ہر رسم الخط کے لیے ایک علیحدہ پروگرام کی ضرورت پڑتی تھی، و نیز ایک وقت میں صرف ایک فونٹ پر کام کیا جا سکتا تھا۔ لیکن اس نظام کی جدید کاری کے بعد موجودہ ذہین بصری حرف شناسی نظام تمام طرح کے فونٹ اور رسم الخط کو متن میں تبدیل کرنے کی صلاحیت رکھتا ہے اور ہر آپریٹنگ سسٹم پر استعمال کیا جا سکتا ہے۔

بصری حرف شناسی نظام کی تاریخ

بصری حرف شناسی نظام کی تاریخ کے تانے بانے بیسویں صدی کی شروعات میں اس دوران ملتے ہیں جب ٹیلیگراف کی تخلیق اور نابیناؤں کے لیے پڑھنے والے آلہ جات کی تیاری جاری تھی۔ ۱۹۳۱ میں ایمانوئیل گولڈبرگ [Emanuel Goldberg] نے ایک ایسی "شماریاتی مشین" ایجاد کی جس کے ذریعے محفوظ شدہ دستاویزات میں متن کی تلاش ممکن رہی تھی۔ بعد ازاں اس ایجاد کو آئی۔بی۔ایم نے حاصل کر لیا۔

اسمارٹ فون کی آمد کے بعد بصری حرف شناسی کا یہ نظام انقلابی تبدیلیوں کا نقیب بن گیا۔

اس ٹیکنالوجی پر تیار کردہ عصر حاضر کے سافٹ وئیر میں اومنی پیج، ریڈ آئرس، ایبی فائن ریڈر، ایبی اسکین ٹوڈوکیومنٹ، ٹاپ او سی آر، انٹیلی جنٹ او سی آر، ٹرانسیم او سی آر، ڈوک شوٹ، او سی آر ٹیکسٹ اسکین، سافٹ رائٹنگ، ٹیبل ایکسٹریکٹر، سمپل او سی آر وغیرہ مشہور ہیں۔

بصری حرف شناسی اور اردو زبان

موجودہ عصری تیکنالوجی زمانے میں بصری حرف شناسی کا یہ نظام کوئی ایسا پیچیدہ موضوع تو نہیں لیکن نستعلیقی اردو زبان کے حوالے سے ضرور مشکل ترین مانا گیا ہے۔ اس وقت آن لائن بازار میں دنیا کی تقریباً زبانوں کے او۔سی۔آر دستیاب ہیں۔ انگریزی، فرانسیسی، اسپینی، اطالوی، لاطینی، روسی، یونانی وغیرہ اور ایشیائی زبانوں میں جاپانی، چینی، کوریائی کے علاوہ دائیں سے بائیں لکھی جانے والی زبانوں جیسے عربی، فارسی، عبرانی میں تک معقول اور کارآمد او۔سی۔آر ایجاد ہو چکے ہیں۔ حتیٰ کہ ۲۰۱۱ میں جرمن ڈیولوپر / پروگرامر ڈاکٹر اولیور ہیلوگ [Dr. Oliver Hellwig] کے قائم کردہ ہندوستانی ادارہ انڈ۔سنز Ind.Senz کے ذریعے ہندی، مراٹھی، گجراتی، تامل اور سنسکرت کے او۔سی۔آر بھی منظر عام پر آ چکے ہیں۔

اَپ ڈیٹ:

ڈاکٹر سیف قاضی کی ایک اطلاع کے بموجب۔۔۔ ریسرچ سنٹر برائے پنجابی زبان و ٹیکنالوجی (پٹیالہ) نے ۲۰۱۶ میں ہندوستان سے پہلا ایسا ورڈ ایڈیٹنگ سافٹ وئر "اکھر" تخلیق کیا ہے جس کے تحت تین زبانوں انگریزی، گرمکھی اور اردو میں او۔سی۔آر کی سہولت فراہم کی گئی ہے۔

جب سے کمپیوٹر اور انٹرنیٹ پر تحریری اردو یعنی اردو یونیکوڈ کا استعمال عام ہوا ہے،

شعبہ حیات کے تقریباً ہر موضوع پر دستیاب اردو کتب کے متن کے حصول کے ذریعے علمی و تحقیقی استفادہ کے رجحان میں بھی اضافہ ہوا ہے۔ انٹرنیٹ پر اردو ای۔لائبریریوں کے توسط سے کلاسیکی اور جدید موضوع کی لاتعداد کتب بآسانی پی۔ڈی۔ایف فائل کی شکل میں دستیاب تو ہیں مگر ان کے متن سے استفادہ صرف اسی صورت میں ممکن ہے کہ ہم خود اسے دیکھ کر ٹائپ کر لیں۔ یا پھر دوسری صورت "اردو او۔سی۔آر" کی شکل میں حاصل کی جاسکتی ہے۔ "او سی آر" کا اہم فائدہ یہ بھی ہوگا کہ ہزارہا علمی و معلوماتی کتب کو، جو اب آسانی سے دستیاب نہیں ہوتیں، اسکین کر کے یونیکوڈ تحریر میں تبدیل کیا جاسکتا ہے۔ اور پھر لفظ / فقرہ کی تلاش بھی اسی تحریری فائل میں ممکن العمل ہوگی۔

شاید یہی سبب ہو کہ ماہ اگست ۲۰۱۶ میں لسانیات کے پینل کی ایک میٹنگ میں قومی اردو کونسل کے ڈائرکٹر پروفیسر ارتضیٰ کریم نے کہا تھا: "آج کے بدلتے حالات میں نئی ٹیکنالوجی کی اہمیت وافادیت سے انکار ممکن نہیں ہے اور نہ ہی اس کے بغیر ترقی کا سفر طے کیا جاسکتا ہے۔ اس لیے اردو میں ایک او سی آر کی اہم ضرورت ہے۔ اس وقت ملک کی دوسری زبانوں مثلاً بنگلہ، ہندی اور تمل میں یہ سہولیات فراہم ہیں۔ اس ٹیکنالوجی کے ذریعے کسی کتاب کے تصویری مسودے میں ٹائپ کیے ہوئے الفاظ کو تحریری صورت میں شناخت کرنا بھی ممکن ہو جائے گا۔"

اردو او سی آر پر تحقیقی مقالے

اردو او سی آر پر تحقیقی مقالے موجودہ صدی کی شروعات کے بعد سے سینکڑوں کی تعداد میں تحریر کیے گئے ہیں جن کی تفصیلات scholar.google.com میں انگریزی میں "اردو او سی آر" لکھ کر حاصل کی جاسکتی ہیں۔۔۔ ان میں سے کچھ اہم یہ ہیں:

ا۔ ICDAR کی ۲۰۰۳ میں منعقدہ بین الاقوامی کانفرنس پر مشتمل مجلہ کی جلد دوم

میں یو۔پال اور انربان سرکار کا شائع شدہ مشترکہ مقالہ بعنوان:

Recognition of Printed Urdu Script

۲۔ انڈین جرنل آف سائنس اینڈ ٹیکنالوجی کی جلد ۸، شمارہ ۲۵ میں انکور رانا اور گرپریت سنگھ لیہل کے شائع شدہ مقالے کا عنوان تھا:

Offline Urdu OCR using Ligature based Segmentation for Nastaliq Script

۳۔ مارچ ۲۰۱۶ میں منعقدہ بین الاقوامی 'انڈیاکوم' کانفرنس میں ذاکر حسین انجینئرنگ کالج، اے۔ایم۔یو، کے توفیق علی، توصیف احمد اور محمد عمران کی طرف سے پیش کیا گیا مقالہ بعنوان:

UOCR: A ligature based approach for an Urdu OCR system

۴۔ ۲۰۱۴ میں منعقدہ ۱۷ویں بین الاقوامی IEEE کانفرنس میں ہزارہ یونیورسٹی مانسہرہ، بحریہ یونیورسٹی اسلام آباد اور کنگ سعود ہیلتھ یونیورسٹی ریاض کے طلبہ کی جانب سے پیش کیا گیا مقالہ بعنوان:

An Ocr system for printed Nasta'liq script: A segmentation based approach

۵۔ جنوری ۲۰۱۳ میں اسلام آباد کی قائد اعظم یونیورسٹی کے شعبہ کمپیوٹر سائنس میں دانش الطاف ستی کی جانب سے جو مقالہ پیش کیا گیا اس کا عنوان تھا:

Offline Urdu Nastaliq OCR for Printed Text using Analytical Approach

اردو نستعلیق او سی آر۔ مسائل و امکانات

اس میدان میں بیشمار تھیوریٹکل مقالے لکھے جانے کے باوجود یہ بات کمپیوٹر و انٹرنیٹ اردو کمیونیٹی کے ماہرین کے نزدیک ثابت شدہ رہی کہ اردو نستعلیق جیسے پیچیدہ خط کیلئے قابل استعمال او سی آر بنانا کوئی آسان کام نہیں۔ کیونکہ اردو اور انگریزی میں ایک

مشکل حروف کی وجہ سے ہے۔ اردو میں حروف ایک دوسرے سے جڑ جاتے ہیں جبکہ انگریزی میں لفظ بن کر بھی حروف اپنی جداگانہ شناخت برقرار رکھتے ہیں۔ اس لیے حروف کے ذریعے انگریزی لفظ کو پہچاننا کسی سافٹ وئر کے لیے رتی برابر مشکل کام نہیں۔

لیکن سوال یہ اٹھتا ہے کہ اردو کی طرح ہندی، مراٹھی کے علاوہ دائیں سے بائیں لکھی جانے والی دیگر زبانوں جیسے عربی، فارسی اور عبرانی میں بھی تو حروف جڑ جاتے ہیں، پھر ان کے او۔ سی۔ آر کسی طرح وجود میں آ گئے؟

جواب اردو کا پیچیدہ ترین نظام یعنی نستعلیقی رسم الخط ہے جس میں ایک تو بیتحاشا ترسیمہ جات یعنی لگیچرز استعمال ہوتے ہیں، دوسرے حروف بھی اپنی شکل بدلتے رہتے ہیں اور سب سے بڑی بات یہ کہ تمام حروف عمودی سمت میں ایک افقی لائن پر قائم نہیں رہتے۔

کچھ سال قبل اردو محفل فورم کے بانی نبیل نقوی نے نستعلیق رسم الخط کی بصری شناخت میں پیش آنے والی ایسی ہی مشکلات کا تفصیلی ذکر کچھ یوں کیا تھا:

"میں نے یہ تھیسس ڈیویلپ کیا تھا کہ اگر خطِ نستعلیق لگیچرز کی ایک ڈیٹابیس بن جائے تو تصویری متن کو پہلے افقی (horizontal) سمت میں پروسیسنگ کرکے اس کی سطور کو علیحدہ کیا جا سکتا ہے اور اس کے بعد ان سطور کو عمودی (vertical) سکیننگ کے ذریعے ترسیموں میں علیحدہ کیا جا سکتا ہے۔ اس طرح تصویری متن کے ترسیمہ جات تصویری شکل میں ہو جائیں گے جنہیں بصری شناخت کے مرحلے سے گزارا جا سکتا ہے۔ اس تھیسس کا سب سے بڑا مسئلہ یہ assumption ہے کہ تصویری متن کی سطور اور ہر سطر میں ترسیمہ جات کے مابین کچھ نہ کچھ سپیس ہے جس کی بدولت انہیں سادہ پروسیسنگ سے علیحدہ کرنا ممکن ہو سکتا ہے۔ لیکن جب میں نے تصویری اردو کے نمونے

دیکھے تو معلوم ہوا کہ اکثر صورتوں میں یہ مفروضہ غلط ثابت ہوتا ہے۔ عام طور پر تصویری اردو کے نمونوں میں عبارت کافی تنگ نظر آتی ہے جس کی وجہ سے ک کی کشش پچھلے لفظ کے اوپر آ رہی ہوتی ہے اور اسی طرح سطور کے درمیان بھی سپیس نہیں ملتی۔ اس طرح اگرچہ تصویری متن سے ترسمیہ جات کا حاصل کرنا ناممکن نہیں ہو جاتا لیکن کم از کم سادہ پیٹرن ریگنیشن سے ان کا حصول ممکن نہیں رہتا۔ اس کے لیے edge detection جیسے پروسیجر ہی کام دے سکتے ہیں جس پر امیج پراسیسنگ کے ماہرین ہی کام کر سکتے ہیں۔

ایک طریقہ یہ اپنایا جا سکتا ہے کہ شروع میں ایسے ہی تصویری متن پر کام کیا جائے جو کہ مذکورہ بالا مفروضے پر پورا اترتا ہو، یعنی کہ اس کی سطور اور الفاظ کے درمیان کچھ نہ کچھ سپیس ضرور ہو۔ اس طرح کم از کم تحقیق آگے ضرور بڑھتی رہے گی۔ اگر اس میں کامیابی حاصل ہو جاتی ہے تو مزید پیچیدہ پرابلمز کو حل کرنے پر بھی غور کیا جا سکتا ہے۔"

اردو او سی آر کی کوششیں

گزشتہ ڈیڑھ دو عشرے کے دوران مختلف سرکاری و غیر سرکاری اداروں کی جانب سے اردو بصری حرف شناس کی ایجاد کے لیے کافی کوششیں ہوئی ہیں۔

پاکستان کے قومی انفارمیشن ٹیکنالوجی ادارہ آئی۔ سی۔ ٹی۔ آر۔ ڈی۔ ایف نے لاہور کے الخوارزمی انسٹی ٹیوٹ آف کمپیوٹر سائنس کو اردو نستعلیق بصری حرف شناسی نظام کی تخلیق کے لیے تقریباً ۳۰ ملین پاکستانی روپے کا عطیہ مارچ ۲۰۱۲ میں فراہم کیا اور پراجیکٹ تکمیل کے لیے تیس مہینوں کی مدت دی گئی (آن-لائن حوالہ)۔ متذکرہ سرکاری ادارہ کی ویب سائٹ پر اس منصوبے کی پیش رفت رپورٹ ہر چند کہ دستیاب نہیں ہے، لیکن دیگر ذرائع کی اطلاعات کے بموجب یہ منصوبہ اس قدر کامیاب نہیں رہا

جتنا کہ اس کی امید کی گئی تھی۔

ویسے اسی پراجکٹ کے نگران اعلیٰ ڈاکٹر سرمد حسین کے زیر تحت پاکستانی ادارہ "سنٹر فار لینگویج انجینئرنگ" نے "سی۔ایل۔ای نستعلیق او سی آر، ورژن ۱۰۰ء۱" کے نام سے پہلا اردو او سی آر ۱۵ ہزار پاکستانی روپیوں میں مارچ ۲۰۱۶ میں جاری کیا ہے۔ جس کے مثبت نتائج یا کامیابی کے فیصد کی کوئی اطلاع ابھی تک تو سائبر دنیا میں دستیاب نہیں ہے۔

البتہ متذکرہ ویب سائٹ پر ڈیمو ٹسٹنگ کی سہولت فراہم کی گئی ہے۔ جس پر اس سافٹ وئر کا تعارف کچھ یوں لکھا ہے کہ:

"اُردو نستعلیق حرف شناس (آپٹیکل کیریکٹر ریگگنائزر) ایک ایسا خودکار نظام ہے جو سکین کردہ صفحے سے متن اخذ کرتا ہے تاکہ اس میں ردّوبدل کیا جاسکے۔ حرف شناس کتابوں اور دستاویزات سے متن کے حصول کے لئے استعمال کیا جاتا ہے تاکہ مطلوبہ مقامی مواد کی آن لائن اشاعت مستعدی سے کی جاسکے۔"

مگر ہمارے نتائج بتاتے ہیں کہ جتنی تیکنیکی شرائط ڈیمو ورژن کے لیے لاگو کی گئی ہیں ان پر عمل کرنے کے باوجود اصل مقصود حاصل نہیں ہوتا۔ تکنالوجی ماہر ڈاکٹر فاتح الدین بشیر، اردو محفل فورم پر اپنے تجربات کی رپورٹ پیش کرتے ہوئے لکھتے ہیں کہ:

"یہ او سی آر صرف ایسی تصاویر سے ٹیکسٹ نکال سکتا ہے جو پہلے کمپیوٹر پر جمیل نوری نستعلیق یا کسی دوسرے نستعلیق فونٹ میں ٹائپ کر کے محفوظ کی گئی ہوں اور پھر انہیں تصویری شکل دے دی گئی ہو۔ میری رائے میں اردو او سی آر کا سب سے بہتر استعمال تو یہی ہو سکتا ہے کہ سکین شدہ کتابوں کا متن حاصل کیا جاسکے جو کہ فی الحال اس او سی آر کے ذریعے ناممکن ہے۔ ہاں، اس سافٹ ویئر کو ایک اچھے اردو او سی آر کی جانب

ایک پیش رفت کے طور پر ضرور لیا جانا چاہیے۔"

حکومت ہند کے ڈپارٹمنٹ آف انفارمیشن ٹیکنالوجی کے ادارہ آئی۔ایل۔ٹی۔پی۔ڈی۔سی کے تحت ۲۰۱۳ میں آن لائن او۔سی۔آر پر مبنی ویب سائٹ قائم کی گئی اور اعلان کیا گیا کہ بنگلہ، دیوناگری، گرمکھی، کنڑ، ملیالم اور تلگو زبانوں میں بصری حرف شناسی نظام اس وقت آن لائن دستیاب ہے اور عنقریب اردو، تامل، گجراتی اور دیگر ہندوستانی زبانوں میں بھی یہ سہولت دستیاب ہو گی۔اور اس وقت اردو زبان میں بھی یہ سہولت فراہم کی جا چکی ہے۔ اس پر کیے گئے ایک آن لائن تجربہ کے مطابق یہ ویب او۔سی۔آر تقریباً سو (۱۰۰) الفاظ کی امیج فائل کو تحریر میں بدلنے کے لیے قریب چار منٹ لیتا ہے اور نتیجہ تقریباً ساٹھ تا ستر فیصد درست ہے۔

عربی زبان کی تیکنالوجی پر مختص مشرق وسطی کی کمپنی "صخر سافٹ وئر" کا ذکر بھی اس ضمن میں ضروری ہے۔ صخر کے کلائنٹس میں لاک ہیڈ مارٹن اور ییل یونیورسٹی جیسے ادارے شامل ہیں، جس سے معیار کا اندازہ لگایا جا سکتا ہے۔ اس کمپنی کی تصدیق امریکی حکومت نے بھی کر رکھی ہے کہ عربی بصری حرف شناسی کے میدان میں "صخر او سی آر" سے بہتر اور کوئی دوسرا سافٹ وئر نہیں۔ اس کمپنی کا دعویٰ ہے کہ اس کا او سی آر سافٹ وئر ۹۵ فیصد سے زیادہ درست نتائج دیتا ہے۔ اور یہ او سی آر عربی کے ساتھ ساتھ فارسی، پشتو اور اردو زبان کو بھی سپورٹ کرتا ہے۔ البتہ اس اردو او سی آر سے متعلق کسی انگریزی یا اردو ویب سائٹ پر کوئی تبصرہ یا تجزیہ نہ آنے کا بنیادی سبب شاید اس سافٹ وئر کی گراں بہا قیمت ہو۔

انٹرنیٹ اردو کمیونیٹی کے سب سے پہلے اردو یونیکوڈ فورم "اردو محفل" پر اردو او سی آر سے متعلق ایک علیحدہ زمرہ قائم ہے جہاں اس میدان کے طلبہ اور ماہرین عرصہ دراز

سے اپنے اپنے تجربات سے آگاہی فراہم کر رہے ہیں۔

سن ۲۰۰۹ میں علوی نستعلیق یونیکوڈ فانٹ کے خالق امجد علوی نے انگریزی کے او سی آر سافٹ وئر ابی فائن ریڈر Abbyy Fine Reader کے ورژن ۸ پر تجربات کیے تھے۔ ان کے مطابق:

"اگرچہ Abbyy والوں نے اپنے سافٹ وئیر میں اردو یا عربی کی سپورٹ بالکل نہیں ڈالی جس کی کمی بہت شدت سے محسوس ہوتی ہے۔ لیکن اگر ہم اس کے Pattern Editor میں اردو کو Read کروالیں تو یہ ایک بہت اچھا او سی آر بن سکتا ہے۔"

لیکن امجد علوی کے تجربات شاید ادھورے رہ گئے اور یہ پراجکٹ بھی اپنی تکمیل کو نہیں پہنچا۔ پھر سال اگست ۲۰۱۶ میں اسی ابی فائن ریڈر کے ورژن ۱۲ پر زہیر عباس صاحب نے اپنے تجربات کا سلسلہ شروع کیا اور ان کے مطابق اس سافٹ وئر نے اردو زبان کو سپورٹ کئے بغیر کافی اچھے نتائج فراہم کیے ہیں۔ بس اس کی تین بنیادی خامیاں کچھ یوں ہیں کہ:

* الفاظ کے مابین اسپیس کو ٹھیک سے شناخت نہیں کر پاتا
* ایک جیسے نظر آنے والے ترسیمہ جات کو ٹھیک طرح سے شناخت نہیں کر سکتا
* اس سافٹ وئر کے پیٹرن ایڈیٹر کو مینوئل ٹریننگ کروانا پڑتا ہے (جبکہ نوری نستعلیق کے ۲۰،۰۰۰ لیگیچر میں سے صرف ۱۰۰ کے قریب کو تین دن میں ٹرین کروایا جا سکتا ہے۔)

بہر حال ابی فائن ریڈر سے متعلق انفرادی کوششوں نے اردو بصری حرف شناس کے ضمن میں کوئی ٹھوس نتائج پیش نہیں کیے۔

اردو او سی آر اور گوگل

گوگل نے مئی ۲۰۱۵ میں اپنے ریسرچ بلاگ پر "پیپر ٹو ڈیجیٹل ان ۲۰۰+ لینگوئیجز[Paper to Digital in ۲۰۰+ languages]" کے عنوان سے بڑے پیمانے پر گوگل ڈرائیو میں بے شمار زبانوں میں او سی آر یعنی آپٹیکل کیریکٹر ریکگنیشن کا اعلان کیا۔ اور خوش قسمتی سے ان ۲۰۰ زبانوں میں اردو بھی شامل رہی۔

اس سہولت کو استعمال کرنے کے لیے کسی تصویر یا پی ڈی ایف فائل کو گوگل ڈرائیو میں اپلوڈ کرنے کے بعد متعلقہ فائل پر رائٹ کلک کر کے "اوپن ود" > "گوگل ڈاکس" کو منتخب کرنا ہو گا۔ تھوڑے وقفے کے بعد تصویر ایک علیحدہ فائل میں شامل ہو جائے گی اور اس کے نیچے ماحصل متن موجود ہو گا۔

اردو تیکنالوجی ماہرین کی صف اول کے جواں سال محقق ابن سعید نے اس اعلان کی وضاحت میں لکھا تھا کہ۔۔۔

"اس تکنیک کی مدد سے تصویری عبارتوں مثلاً اسکین کردہ مواد کو متن کی صورت میں تبدیل کرنا ممکن ہو جاتا ہے۔ اس مقصد کے لیے گوگل نے آرٹیفیشئیل انٹیلیجنس کی ایک مشہور تکنیک ایچ ایم ایم یا ہیڈین مارکوو موڈل [HMM - hidden Markov model] کا استعمال کیا جس میں متن کو چھوٹے چھوٹے ٹکڑوں میں توڑ کر سمجھنے کے بجائے شکلوں کا پورا سلسلہ ایک ساتھ سمجھنے کی کوشش کی جاتی ہے جس کے لیے کافی ٹریننگ ڈیٹا کی ضرورت ہوتی ہے۔

ترسیموں کی بنیاد پر اردو او سی آر کا تجربہ نیا نہیں ہے، اس پر بھی کافی لوگوں نے کوشش کی ہے۔ کرننگ کی وجہ سے ترسیموں کو علیحدہ کرنا بھی ایک بڑا مسئلہ ہوتا ہے ورنہ ترسیموں کی ٹریننگ کوئی بڑا مسئلہ نہیں۔ ترسیموں کی تختی کو علیحدہ کرنا اور بعد میں ان سے متعلقہ نقطوں کو ساتھ لے کر لغات اور این گرامز کی مدد سے کام کرنے پر بہتر نتائج آنے

کی امید ہے لیکن ہمارا خیال ہے کہ گوگل کسی ایک زبان میں اضافی توانائی صرف کرنے کے بجائے ایسے طریقوں پر زیادہ توجہ دے گا جس میں درستگی کم سہی پر زیادہ زبانوں کو سمیٹا جا سکے، خاص کر تب جب وہ زبان ان کی ترجیحات میں صف اول میں شمار نہ ہوتی ہو"۔

گو کہ شروعات میں اس گوگل تیکنیک کے نتائج صفر تا دس فیصد رہے تھے مگر آج تقریباً ساڑھے تین سال بعد اردو انٹرنیٹ کمیونٹی کے بیشتر ماہرین کی تحقیقات کے مطابق گوگل ڈاکس کی مصنوی ذہانت اور نیورل نیٹ ورک پر مبنی اس تیکنیک سے ۷۰ تا ۸۰ فیصد درست نتائج حاصل ہو رہے ہیں۔ اور امکان غالب ہے کہ آنے والے چند برسوں میں اردو نستعلیق حرف شناسی کے موثر نظام کی تشکیل کا سہرا گوگل ہی کے سر پر سجے گا۔

اختتامیہ

اردو بصری حرف شناس سے بالخصوص اور جدید تیکنالوجی سے بالعموم چند متعلقہ سوالات یہاں قائم ہوتے ہیں:

۱) اردو میں سائنسی مضامین، کتب و رسائل تو کسی نہ کسی حد تک موجود ہیں لیکن انفارمیشن اور موبائل ٹیکنالوجی سے متعلق مضامین، کتب اور رسائل کی اس قدر کمی کا سبب کیا ہے؟

۲) جامعاتی تحقیق میں اردو زبان کے حوالے سے او۔سی۔آر یا ٹکسٹ ٹو اسپیچ یا اسپیچ ٹو ٹکسٹ یا مشینی ترجمہ پر اجیکٹس پر اگر کسی ہندوستانی یونیورسٹی میں کوئی کام ہوا ہے تو ان کی تفصیلات انٹرنیٹ سرچنگ میں کیوں کر دستیاب نہیں ہیں؟

۳) اگر پڑوسی ملک کی حکومت نے جامعاتی سطح پر اردو او۔سی۔آر سے متعلق تعاون کیا یا سرگرمی دکھائی ہے تو ہمارے ملک کی جامعات کے متعلقہ شعبوں میں اس اہم

ترین تحقیقی موضوع کو کیوں نظر انداز کیا گیا ہے جبکہ اردو کے نام پر ایک علیحدہ یونیورسٹی میں قائم ہے؟

۴) مشہور و مقبول ادارہ "ریختہ" سے ہٹ کر اردو کی دیگر سرکاری و غیر سرکاری تنظیمیں اور ادارے، اردو زبان و ادب کے ذخیرے کو انٹرنیٹ پر تلاش کے قابل متن کی شکل میں مہیا کرنے کے سلسلے میں تیکنالوجی ماہرین سے کیونکر رابطہ نہیں کرتے؟

۵) گوگل کے سی۔ای۔او اتفاق سے ہندوستانی نژاد ہیں، کیا یہ امید رکھی جا سکتی ہے کہ قومی اردو جامعہ کے سربراہان سرکاری سطح پر ان سے رابطے کے ذریعے اردو کے اہم ذخیرہ کتب کو گوگل او۔سی۔آر کی مدد سے ڈیجیٹائز کرنے کے سلسلے میں باہمی اشتراک کا کوئی لائحہ عمل ترتیب دیں گے؟

Urdu & Modern Technology, Urdu OCR.
Essay: Mukarram Niyaz

* * *